OS NÓS DA MINHA VIDA

OSANA BARRETO

Copyright© 2024 by Literare Books International
Todos os direitos desta edição são reservados à Literare Books International.

Presidente do conselho:
Mauricio Sita

Presidente:
Alessandra Ksenhuck

Vice-presidentes:
Julyana Rosa e Claudia Pires

Diretora de projetos:
Gleide Santos

Capa, diagramação e projeto gráfico:
Gabriel Uchima

Foto da capa:
Unsplash

Revisão:
Rodrigo Rainho

Impressão:
Printi

Dados Internacionais de Catalogação na Publicação (CIP)
(eDOC BRASIL, Belo Horizonte/MG)

B273n   Barreto, Osana.
         Os nós da minha vida / Osana Barreto. – São Paulo, SP: Literare Books International, 2023.
         16 x 23 cm

         ISBN 978-65-5922-523-1

         1. Autoconhecimento. 2. Superação. 3. Técnicas de autoajuda. I. Título.

                                                        CDD 158.1

Elaborado por Maurício Amormino Júnior – CRB6/2422

Literare Books International.
Alameda dos Guatás, 102 – Saúde – São Paulo, SP.
CEP 04053-040
Fone: +55 (0**11) 2659-0968
site: www.literarebooks.com.br
e-mail: literare@literarebooks.com.br

AGRADECIMENTOS

Agradeço a Deus, meu criador e salvador, por me permitir viver infinitamente mais do que tudo que pedi ou pensei, durante todos os dias da minha vida, regando sempre meus dias com alegria que vem do céu.

A Deus toda honra e toda glória por tudo que tenho, por tudo que sou e o que vier a ser.

Agradeço à minha preciosa família:

Ronaldo, meu grande amor que me ensinou a ser otimista (sem ele, essa história não existiria).

Meus filhos Daniel e André, que me enchem de alegria e orgulho desde o dia em que nasceram. Com quem aprendo a ser uma pessoa melhor todos os dias. Trabalhar com vocês é uma honra, uma alegria, além de ser muito divertido.

Minhas lindas noras Júlia e Rafaela (doces presentes de Deus na minha vida).

E minha netinha Aurora que veio trazer um novo brilho para minha vida.

Obrigada por todo amor e pelo incentivo para escrever este livro. Louvo a Deus por suas preciosas vidas. Por me proporcionarem condições de trabalho tão boas, além de garantirem minha alegria, realização e orgulho todos os dias. Vocês são muito especiais para mim.

PREFÁCIO

Caro leitor,

Este é um prefácio escrito por dois irmãos.

Nós nos lembramos de termos sido muito felizes na infância. Hoje sabemos o quanto isso era improvável.

Na verdade, improvável é uma boa palavra para guiar este prefácio. Isso porque foi uma sequência muito particular de eventos que permitiu que este livro chegasse hoje às suas mãos. E temos certeza de que não foi por acaso.

A obra que você está prestes a ler é um romance baseado na biografia de Osana, nossa mãe. E ela tinha tudo para não ter sido escrita. Na verdade, pedimos perdão pelo *spoiler* de lhe contar que nós existimos, porque esse fato em si um dia já foi considerado bastante improvável. Alguns à época disseram "impossível".

Nas próximas páginas, você vai conhecer as aventuras e desventuras de uma mulher que viu seus sonhos de menina desabarem diante dos seus olhos uma semana antes do seu casamento. E que, daí em diante, viveu uma vida muito, mas muito improvável.

"A história da sua vida dá um livro!"

Nossa mãe já ouviu muito essa frase, mas revisitar a dor do passado para transformá-la em obra literária não haveria de ser um exercício fácil. E não o foi. Muitas lágrimas regam as palavras que você está prestes a ler. De tristeza, sim, mas, sobretudo, de alegria.

Como você vai perceber, os capítulos deste livro são chamados de "nós", traçando um paralelo com o macramê, artesanato que foi o combustível para que a nossa mãe se reinventasse de maneira – novamente – improvável, depois de décadas de uma vida de doação.

Ao olhar para a nossa infância, fica claro que termos sido tão felizes não foi fruto do acaso, mas sim da escolha, diária e absolutamente intencional, de uma pessoa que tinha todos os motivos do mundo para ser dura e amarga. Mas escolheu outro caminho. E isso acabou transformando não só a nossa vida, mas também a de milhares de pessoas ao redor do mundo.

Este livro conta a história de uma das professoras de artesanato mais influentes do Brasil, mas que, para chegar até aqui, precisou desatar muitos nós dentro de si mesma.

Os Nós da Minha Vida é um convite ao exercício de chorar com os que choram e se alegrar com os que se alegram. E de perceber que a vida pode ser muito feliz, "ainda que…"

Daniel e André Barreto

INTRODUÇÃO

Amor é abnegação?

Segundo o dicionário, abnegação significa *"ação caracterizada pelo desprendimento e altruísmo, em que a superação das tendências egoísticas da personalidade é conquistada em benefício de uma pessoa, causa ou princípio; dedicação extrema; altruísmo"*.

É possível viver uma vida em função de outra pessoa e ainda assim encontrar felicidade? O quanto custa abrir mão de si mesmo ou de si mesma, numa dedicação extrema, em nome de um amor, acima do que estamos acostumados a reconhecer?

Conheça a história de uma mulher que apostou no amor, mesmo sabendo que ele poderia morrer em questão de dias ou semanas.

Apoiando-se em sua própria fé, não desistiu de quem amava, mas seguiu em frente, rumo a um desconhecido nada promissor. Num enredo que mistura momentos de dor, milagres, abnegação, arte, superação e renascimento, uma mulher se destaca no mundo em que vivemos, por seguir na direção contrária às relações líquidas e superficiais.

Numa despretensiosa conversa entre Aurora, uma menina de sete anos, e sua avó, Osana, descobrimos os cinco nós da vida de uma mulher única, que esqueceu de si mesma por muito, muito tempo. E depois se reencontrou na arte.

Aurora simplesmente quer aprender o macramê, um artesanato que é feito atando nós em linhas usando as mãos, mas, com suas mãozinhas tão pequenas, tem dificuldade para concluir o primeiro nó.

Sua avó então lhe faz uma proposta:

— *Vamos fazer uma brincadeira, Aurora? Eu conto para você os cinco nós da minha vida, enquanto você aprende o macramê!*

A menina fica olhando para a avó, curiosa:

— *Você tem cinco nós na sua vida, vovó? Isso dói?*

"*Já doeu...*"
A mulher ri.
— Eu tenho! E a cada nó que você conseguir fazer, eu conto para você um nó da minha história. O que você acha?
A menina suspira:
— E se eu não conseguir?
A avó sorri, cheia de ternura:
— Você vai conseguir, Aurora.
— E a cada nó que eu conseguir, você vai me contar a história de um nó? E tem graça isso?
A avó ri e instiga sua neta:
— Sim, você vai adorar cada uma das cinco histórias.
— Por quê?
— Porque todos os nós levam até você.
Ela fica com os olhinhos brilhando, encantada com as palavras da avó. Estica as mãozinhas para receber o material de que precisa, como um sinal de "vamos começar!".

A amorosidade envolvida em **Os nós da minha vida** vai além de uma história de amor ou paixão, como muito se vê em livros, filmes e séries. Essa trajetória é sublime, porque fala de um amor altruísta e mais forte do que muitos poderiam suportar ou sequer imaginar.

O amor, que supera dores, muitos "nãos", falta de tempo e até mesmo a morte, em vários sentidos. Como o amor sobrevive, se transforma e se torna eterno? Qual o papel da fé, como suporte de um amor tão único?

Em meio a tantos sofrimentos de uma história real, a promessa, que nunca deixou de ser cumprida:

"O vinho da alegria jamais faltará!"

Da vida, morte e renascimento, à transformação e continuidade da vida. Por meio do amor!

SUMÁRIO

CAPÍTULO 1
O PRIMEIRO NÓ: RONALDO! 13

CAPÍTULO 2
O SEGUNDO NÓ: DANIEL! 37

CAPÍTULO 3
O TERCEIRO NÓ: ANDRÉ! 63

CAPÍTULO 4
O QUARTO NÓ: O MACRAMÊ! 93

CAPÍTULO 5
O QUINTO NÓ: AURORA! 125

SOBRE A ESCOLA DE NÓS 153

BÔNUS
GUIA DOS NÓS FUNDAMENTAIS DO MACRAMÊ 163

CAPÍTULO 1

O PRIMEIRO NÓ: RONALDO!

"— Ela vai se chamar Osana!
— Osana? O que quer dizer?
— Glória a Deus nas alturas!
— E por quê?
— Toda vez que alguém chamar a sua filha, estará dando glória a Deus!"

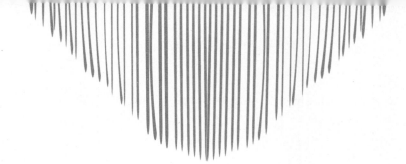

— Vovó, eu não quero mais! Eu não vou conseguir!
— Claro que vai, Aurora!
"Tão bonitinha, minha neta!"
Eu me sento mais próxima a ela, no sofá da minha sala.
— Olha aqui, eu vou fazer de novo, para você ver.
— Hum...
Ela faz carinha de brava, mas sei que ela quer aprender.
— Está vendo, Aurora? Primeiro você puxa e depois alinha as duas pontas na metade.
Ela tenta e tem dificuldade para repetir meus movimentos.
"Mãozinhas pequenas."
Pequenas e delicadas.
— Eu não quero mais, vovó!
"Como eu vou convencer essa menininha a não desistir?"
Respiro profundamente e solto devagar, com calma.
"Já sei!"
Faço uma proposta:
— Vamos fazer uma brincadeira, Aurora? Eu conto para você os cinco nós da minha vida, enquanto você aprende o macramê!
Ela fica olhando para mim, curiosa:
— Você tem cinco nós na sua vida, vovó? Isso dói?
"Já doeu..."
Eu dou risada.
— Eu tenho, mas não doem mais! E a cada nó que você conseguir fazer, eu conto para você um nó da minha história. O que você acha?
Minha netinha suspira:
— E se eu não conseguir?
Eu sorrio:
— Você vai conseguir, Aurora.

— E a cada nó que eu conseguir, você vai me contar a história de um nó? E tem graça isso?

Rio outra vez e instigo sua curiosidade:

— Sim, você vai adorar cada uma das cinco histórias.

— Por quê?

— Porque todos os nós levam até você.

Ela fica com os olhinhos brilhando, encantada com a possibilidade de conhecer as histórias. Aurora estica as mãozinhas para receber o material de que precisa, como um sinal de "vamos começar!".

— Tá bom, vovó!

Faço todos os movimentos outra vez, bem devagar. E fico aguardando a menina repetir cada passo.

— Isso mesmo, minha menina! Agora vira, presta atenção.

Ela me imita bem devagarinho e consegue!

Eu bato palmas:

— Parabéns, Aurora, você conseguiu!

Ela tem brilho nos olhos:

— Eu consegui, vovó. Viva!

Nós duas rimos, olhando uma para a outra.

Até que ela me interpela:

— Sua vez, vovó!

— Como assim, minha vez?

— Agora você tem que me contar uma história, ué!

"Não é que ela gostou da ideia?"

— Tá bom, eu vou te contar, então. Mas primeiro, eu vou fazer um lanche para a gente, porque a história é longa.

— Verdade?

Não consigo conter meus risos.

"Amo tanto essa menina. Minha primeira neta. Obrigada, meu Deus!"

Eu me levanto do sofá:

— Vem, Aurora! Vamos até a cozinha, vou fazer um sanduíche, pegar um pedaço de bolo e um suco para nós duas!

Ela comemora e se levanta, logo em seguida:

— Êêêêêêêê...

Caminhamos rumo à cozinha.

A mesa está coberta de guloseimas.
"Bem dizem que as avós mimam mais os netos do que os filhos."
Suspiro.
"Se bem que eu não tive tempo para isso com meus meninos, como tenho agora com ela."
— Não se lamente, Osana, não se lamente!
— O que, vovó?
"Ops, pensei em voz alta!"
Aponto para os bolos:
— Você vai querer o de chocolate ou o de laranja?
— Os dois!
— Como assim, os dois? Você é tão magrinha, onde vai caber tudo isso?
Ela faz uma carinha linda, entortando o pescoço e me respondendo de lado:
— Os dois e a história. Não pense que eu esqueci. Você está me enrolando.
"Não acredito!"
Caio na risada.
— Tá bom, Aurora. Come, enquanto a vovó conta para você.
Ela come um belo bocado do sanduíche, que ainda tem nas mãozinhas.
Eu me preparo para uma viagem no tempo, mas antes eu explico:
— Você sabe o que significa o nome da vovó?
— Osana?
— Sim.
Ela responde de boquinha cheia:
— Não...
— Foi a mãe do meu pai, minha avó, que escolheu esse nome para mim.
— Por quê?
— "Osana" significa Glória a Deus nas alturas. E ela falou para minha mãe que cada vez que alguém me chamasse, estaria dando glória a Deus.
Suspiro.
"Será que ela entende a profundidade disso? Tão novinha. Mas essa geração é bem mais avançada do que a minha."
— Vovó!
— Oi?
— Eu sou sua primeira neta, certo?

— Uhu.
— E você, foi a primeira neta também?
"Olha a pergunta dessa menina, que incrível!"
— Fui sim, Aurora. A primeira neta dos meus avós paternos. A primeira sobrinha também.
Fico olhando para ela:
— Aurora?
— Hum.
— Você quer ouvir a minha história, de quando eu era criança e adolescente?
Ela balança o pescocinho para cima e para baixo, de boca cheia:
— Uhu.
Fico admirando minha menina, comendo.
"Será que ela vai gostar da minha história? Tem idade para compreender tudo o que eu passei?"
— Tá bom, eu vou te contar, então.
"E vou filtrando o que posso. Ninguém precisa saber de tudo que eu passei."
Respiro fundo e vou...

Eu estou na minha casa de quando era criança, dos meus pais, na verdade.
"Eles foram trabalhar."
Meu irmão está reclamando:
— Eu não vou varrer o quintal, Osana, já falei, que isso é coisa de mulher.
— Vai varrer sim, meu amor, enquanto eu estiver em casa, você vai ter que me obedecer, meu irmão.
— Eu vou contar tudo para o papai quando ele chegar.
— Pode contar, mas até lá, varre o quintal.
Ele pega a vassoura e sai reclamando:
— Quando eu crescer, vou ser muito rico, vou ter várias empregadas e nunca mais vou encostar a mão numa vassoura.
"Que sonhador! Tomara que consiga! Se ele soubesse o quanto torço realmente por ele..."

A família da minha mãe sempre foi mais seca, ela foi criada na roça, de forma rígida, e foi a única que estudou, enquanto todas as minhas tias continuaram na lavoura. Minha mãe foi responsável por quebrar esse padrão.

"Graças a Deus, ela estudou e trabalhou."

Já esse meu irmão reproduzia os comportamentos machistas, típicos da época, assim como meu pai e sua família.

Ele continua reclamando:

— Você vai ver quando o papai souber que você me obrigou a fazer serviço de mulher.

Respondo:

— Papai pode até reclamar, igual ontem, mas você sabe que eu vou fazer de novo.

Meu pai é alfaiate, conheceu a minha mãe na escola, em frente à alfaiataria dele, pois quando ela descia a escadaria, ele a paquerava.

"Será que um dia eu vou ter um amor assim?"

Meu irmão reclama de novo:

— Você vai ver, Osana! Ele vai pôr você de castigo de novo, igual ontem.

— E igual antes de ontem, meu bem, nada vai mudar. Você é quem devia parar de reclamar, nossos dois outros irmãos estão trabalhando lá dentro, sem sofrimento. Você sofre porque reclama demais. Tem que aprender resiliência, meu irmão!

— Eu vou ser rico, você vai ver!

— Tomara que sim! Torço por você!

"Irmã mais velha de três homens, ninguém merece."

Eu me lembro de algo e pontuo:

— E se vocês não fossem tão bagunceiros, as empregadas que a mamãe contrata não iriam todas embora.

Ele bufa e bate a vassoura no chão.

"Bobo!"

Eu ainda sou uma menina e estou no quarto com minha mãe, sofrendo com mais uma crise de bronquite e início de pneumonia.

— Filha, você precisa comer.

Ela me oferece um prato de sopa.

— Eu não quero, mãe.

— Você é muito magra, só quer arroz, feijão, bife e batata frita, não pode.

— Mas mãe, eu não estou com fome.

— Suas tias têm razão, você é um pouco enjoada para comer, por isso fica fraquinha desse jeito.

Eu me ajeito na cama e tusso. Minha mãe até tenta me agradar, mas em vão:

— Quer que eu traga o crochê para você fazer?

— Não, mãe, não estou com vontade agora.

— Quer desenhar, então?

Percebo um sorriso de orelha a orelha:

— Quero!

"Amo desenhar, pintar, adoro todo tipo de arte! Só não levo muito jeito para crochê..."

Minha mãe me entrega meu caderno de desenhos e um estojo enorme com meus lápis e canetas.

— Toma!

— Obrigada, mãe!

— Depois você pode tocar piano ou violão.

— Não quero sair da cama hoje.

Minha mãe fica me olhando, meio seca, como a maioria das vezes, e volta para o seu quarto.

"Ela vive no quarto, às vezes passa o dia no escuro, mesmo quando está sol. Ela diz que é o tempo de ostracismo. Ostracismo... quem é que fala essa palavra tão difícil? Depois que eu procurei escondida no dicionário, descobri que é tristeza."

Respiro fundo e abro meu caderno.

Pego o lápis vermelho e começo a pintar o desenho que fiz ontem.

Aurora me chama de volta à realidade:

— Por que você não quis fazer crochê, vovó?

Ela terminou o sanduíche.

Olho para ela e acho que demoro um pouco para responder.
"É mesmo como voltar de uma viagem no tempo."
Respondo:
— Eu preferia pintar, Aurora.
— Mas crochê não é igual macramê?
— Não é não!
— Hum.

Ela aponta para o bolo de chocolate e eu começo a cortar um pedaço para ela.
"Tão magrinha, parece eu quando pequena."
— Vovó, quando você tinha o meu tamanho, também ia na casa da sua avó?
Eu rio:
— Sim, era quase o único lugar que minha mãe deixava eu ir.
— Por quê?
— Ela era superprotetora, sabe o que é isso?
— Sei.
"Mas como é que pode?"
Ela continua:
— Ela tinha medo de deixar você sozinha e então cuidava muito de você, né?
— É, mas como você sabe disso tudo?
— Eu sei, oras.

Ela come um pedaço do bolo, fica mastigando e me olha.
Eu complemento a informação:
— Eu morava do lado da escola, quando tocava o sinal, era para lá que eu ia. Para a casa da minha avó, só no fim de semana. E na igreja, eu tinha um grupo de amigos.
— Na igreja? Você cantava lá?
Rio:
— Cantava no coral, e às vezes saía com os amigos, mas a sua avó sempre ia junto, não me deixava sozinha em nenhum lugar.
— E o meu vô?
— Meu pai?
— Sim, ele tinha uma padaria, né?
Ela olha para os bolos:
—Tinha bolos assim na padaria dele? Eu ia comer tudo!

Caio na gargalhada.
Fecho os olhos um instante e me lembro de tantas coisas que eu adorava comer na padaria do meu pai.

Alguns dias depois, é noite e eu estou no banheiro de casa.
Levo um susto, vendo um monte de sangue no vaso.
Começo a chorar imediatamente, grito:
— Mãe!
Abro a porta e não dou descarga, para que minha mãe possa ver o horror.
Grito de novo:
— Mãe!
Ela chega correndo e eu aponto para o vaso. Ela olha e fecha a cara, como se não fosse nada de mais:
— Agora você vai ter isso o resto da sua vida, Osana.
Eu choro mais ainda.
"Como assim? Por quê?"
Eu não entendo nada, minha mãe sai e volta com uma coisa na mão e explica como colocar isso na calcinha.
"Mas eu não quero. Por que eu vou sangrar para sempre?"
Não consigo parar de chorar.
Minha mãe me deixa sozinha, eu lavo o rosto, todo sujo de lágrimas, e depois vou para o meu quarto.
"Eu não quero ficar sangrando, será que vou sangrar até morrer? Eu fiquei doente?"
Não consigo parar de me atormentar com o sangue saindo de mim.
"De onde sai esse sangue? Eu não entendo!"
Adormeço, sem entender nada.

No dia seguinte, enquanto minha mãe está na escola, eu procuro a enciclopédia, que ela sempre esconde em lugares diferentes, para eu não ler.

Estou folheando o índice, mas não sei como isso se chama.
Então, começo a procurar por figuras do corpo humano.
Demoro, mas descubro algo.
— Hum...
Fico lendo e acho que entendo.
— Será que é isso? Menstruação?
Leio, leio, leio, mas fico na dúvida.
— Bom, pelo menos, eu não vou morrer. Nem estou doente.
Fecho o livro e guardo no lugar, com uma escada.
"Minha mãe não quer mesmo que eu leia. Por que será?"
Falo baixinho:
— Será que é pecado?
Fico pensativa e vou para o meu quarto arrumar a mochila, para ir à escola.
"Chega de pensar nisso!"

Eu tenho treze anos e estou na igreja.
Do nada, um garoto passa e me rouba um beijo.
"Ai, meu Deus, ele me deu um selinho."
Olho para todos os lados, buscando o olhar atento da minha mãe.
"Deus me livre, se ela vir isso. Socorro. Mas eu não fiz nada, eu juro!"
Meu coração está disparado.
Falo baixinho, comigo:
"O que eu faço, o que eu faço?"
Penso no dia em que minha mãe falou para a vizinha: "A filha da Maria engravidou, fez besteira".
Respiro profundamente, tentando sentir o ar.
"Ai, meu Deus, será que eu fiz besteira também?"
Não consigo respirar.
"Uma crise de bronquite, de novo?"
Respiro outra vez, consigo um pouco de ar agora.
"Acho que é nervosismo. Eu fiquei grávida? Meu pai vai me matar, minha mãe também!"

Saio correndo, procurando minha mãe.
"Não vou falar nada, só quero ir embora. Talvez eu ache alguma coisa na enciclopédia."

Eu estou com quinze anos e minha mãe sabe que tem um menino querendo namorar comigo.
"Ele é da escola e acho que ela não brigou comigo porque o conhece."
Ela reforça o que me explicou ontem.
— Quer namorar? Tem que saber matar galinha, depenar, desossar e cozinhar.
"Ai, meu Deus! Tudo isso, para poder namorar? Que nojo! Mas eu vou conseguir!"
Ela coloca a galinha viva em cima da pia.
Olho os olhinhos dela e sinto pena.
Fecho meus olhos uns segundos, para me desvencilhar da imagem.
— Vai! Presta atenção, olha como se quebra o pescoço dela.
Abro de novo e vejo minha mãe pondo fim à vida dela.
"Uiiiiiiii! Coitada da galinha!"
— Entendeu?
— Entendi, mãe.
"Ai, que enjoo!"
— Agora pega, vou ensinar você a tirar o sangue dela.
Fico olhando, horrorizada.
— Vem, agora você vai depenar o bicho.
— Tá bom, mãe.
Chega a hora de colocar em água quente.
"Ai, meu Deus do céu!"
Balanço a cabeça para os lados, com ânsia de vômito.
"É muito nojento, meu Deus!"
Fico pensando no menino que quero namorar, para não vomitar.
"Um, dois, três, respira, Osana!"
Continuo, seguindo as instruções da minha mãe.
"Quatro, cinco, seis, respira!"

— Vovó! Vovó!
— Oi, Aurora?
Ela me tira de meus devaneios do passado.
— Sua mãe era legal?
Eu rio:
— Acho que sim.
— É que você é bem legal. Ela era igual a você?
— Ah, sua bisavó era um pouco triste, Aurora. Ela não gostava muito de praia, filme, revista, música, nada que fosse muito divertido. Já seu avô adorava música. O rádio sempre ficava ligado quando ele estava em casa.
— Por que a minha bisavó era triste, vó?
"Mas que pertinente!"
— Não sei, acho que a vida dela não foi fácil.
— E a sua, foi?
Falo alto, sem pensar:
— A minha?
Caio na risada.
— Por que você está rindo?
Balanço a cabeça para os lados:
— Minha vida não foi nada fácil, pequena Aurora.
— E você vai me contar? Cadê o nó da história? Você está me enganando, vovó.
— Meu primeiro nó é o seu avô, Aurora.
— Por quê? Nó é uma coisa boa ou ruim?
— Depende.
Ela entorta a cabecinha para o lado e fica me olhando:
— Do quê?
— De como você interpreta esse nó.
— E se for o nó do macramê?
"Uau! Olha o raciocínio da pequena!"
— Então é um nó lindo, porque é arte.
— E o meu avô?
Suspiro.
— Ele também foi um nó lindo, mas muito difícil.

Ela fica me olhando com carinha curiosa e olhinhos arregalados.
— Você quer saber mais, né?
Ela assente com o pescocinho.
— Vem, eu vou te contar.
Levanto e espero Aurora se levantar.
Sigo para a sala e a vejo vindo, logo atrás de mim.

Eu estou sentada no sofá da minha sala, olhando a Aurora brincar com os materiais de macramê, bem sentadinha no chão, ao lado da sua boneca.
Ela segura uma cesta com vários rolos e toca o de fio amarelo, depois o vermelho e por fim o azul. Segura o amarelo com as mãozinhas no ar e ficando admirando a sua cor.
— Eu gosto de amarelo, vovó!
— Eu também, Aurora! É a cor da alegria, sabia?
Ela me olha, entortando o pescocinho para o lado:
— Verdade?
Ela pega o fio vermelho:
— E o vermelho, significa o quê?
Eu rio:
— O amor!
Ela troca rapidamente do vermelho para o azul e aponta para mim, sem dizer nada.
"Muito esperta essa menina!"
Eu respondo:
— A harmonia!
Ela abaixa o rolo na cesta, tocando com as mãozinhas, e me pergunta:
— Você foi professora de artes, né, vovó?
— Fui sim.
— Eu queria que você fosse minha professora.
"Oh, meu coração não aguenta!"
— Mas eu sou sua professora! De macramê, lembra?
— E melhor do que isso.
Agora, eu entorto o pescoço para o lado:

— O que, Aurora?
Ela sorri:
— Você é minha avó!
Ela volta a olhar para a cesta e os rolos de fio, como se não tivesse acabado de derreter o meu coração.
Sinto os olhos molharem, mas disfarço.
Respiro fundo e logo ela vem com outra pergunta:
— Você gosta de arte indígena, né, vovó?
— Sim, e sabe por quê?
— Não.
Ela me olha e eu respondo:
— Porque meu avô foi índio e eu queria entender mais da cultura indígena. E quer saber? É tudo muito lindo, os cestos, as fibras naturais, então eu pude ensinar tudo isso para os meus alunos.
— Hum.
Suspiro.
"Lembro de quando meu avô trazia "bala puxa" para mim no fim do dia. Ele chegava tão cansadinho, com falta de ar, se sentava na varanda, tomava água e depois tirava as balas do bolso. Era uma festa."
— Vovó!
Aurora me traz de volta das minhas lembranças.
— Quê?
— Acabou a história do primeiro nó? Do meu avô?
Sorrio, balançando a cabeça para os lados.
— Não, não acabou.
— O que vem depois?
— Deixa ver...
Eu volto ao passado, filtrando o que eu posso contar para uma menininha curiosa, mas de apenas sete anos.

Eu ainda sou uma adolescente.
Acabo de chegar à minha casa, orgulhosa com a primeira coisa que comprei, com meu primeiro salário.

Eu me sento na cama e abro a caixa.
— Deixa eu ver, deixa eu ver...
Desembrulho o papel.
— Que lindo!
Pego o toca-discos, pesado para minha estatura, e coloco sobre uma mesinha.
— Ai, ai, ai...
Respiro fundo e fico em pé, dando uns passos para a frente e para trás, admirando meu primeiro investimento.
— Você, ninguém vai quebrar!
Bufo.
"Que raiva daquele menino que quebrou a vitrolinha vermelha que meu pai me deu."
Eu estava fazendo pintura com tinta guache, tinha um copinho de água para limpar o pincel. O menino derrubou o copinho na vitrola, de propósito.
Chacoalho a cabeça para esquecer e volto a sorrir, admirando o meu toca-discos.
— Uau! Papai vai adorar!
Eu sei que eu sou o xodó do meu pai, acho que por isso me sinto tão segura com ele.
Sussurro:
— E mamãe? Será?
"Bom, com a minha mãe não é bem assim, mas tudo bem."
Passo a mão no toca-discos, tocando-o inteirinho.
— Vou escolher um disco!
E fico horas curtindo com a minha nova aquisição.

— Vovó?
Chacoalho a cabeça, igual quando adolescente, e me sinto rir por dentro, com a minha neta me chamando de novo a sua atenção.
— Oi, Aurora?
— Sabia, que meu pai tem uma vitrola também?

— Sabia, mas na minha época tinha uns discos pequenos e coloridos, que a gente colocava na vitrolinha e tocava uma música e até uma história.
— Verdade?
— Sim.
— Hum. Eu escuto música e história no celular.
"Os tempos mudaram, Deus do céu!"
— É..., é quase a mesma coisa...
— Vovó!
— Oi?
—— Vou pedir uma vitrolinha vermelha para o meu pai!
Caio na risada.
"Vai ser um desafio para ele."
— Vou torcer que ele encontre uma, daí vamos ouvir juntas.
Ela sorri. Parece que gostou da ideia.
Eu volto à história.

Eu tenho agora dezesseis anos. Trabalho na papelaria da escola onde estudo, por meio período.
Chego à minha casa com o pagamento do mês e chamo meus irmãos.
— Meninos! Hoje é dia de pagamento!
Eles chegam correndo e se sentam no sofá, todos bonitinhos.
"Agora nem o mais velho reclama da vassoura."
Mas não falo nada.
Dou um dinheirinho para cada um e ganho um beijo na bochecha.
— Obrigado, Osana!
— De nada, meu amor!
Mais um beijo:
— Obrigado, Osana!
— De nada, querido!
Último beijo:
— Obrigado!
— Nada! Seu lindo!

Aurora me olha torto:
— Você dava o seu dinheiro para os seus irmãos, vó?
— Tudo não, mas eu sempre dava. E dava chocolate também.
— Chocolate?
— Sim.
— Por quê?
— Para eles darem para as namoradas deles.
Ela fica me olhando com seus olhinhos lindos e eu fico pensando se ela está cansada da minha história. E antes que eu conclua qualquer coisa, ela me faz voltar para ela:
— E você não namorava?
Rio e continuo.

Eu estou em casa, quando alguém toca a campainha. Abro e dou de cara com o irmão do pastor.
"O que ele está fazendo aqui? Ontem, quando toquei piano durante o culto, ele ficou olhando para mim o tempo todo."
— Oi? O que você quer? – pergunto, um pouco surpresa.
— Vim falar com o seu pai.
Olho para trás:
— Meu pai?
Ele dá um passo para frente, já entrando na minha sala:
— Posso entrar?
Abro mais a porta, sinalizando que sim. Ele entra de vez e meu pai se aproxima.
— Olá, o que você faz aqui, meu jovem?
Antes que ele responda, minha mãe também se aproxima e fica olhando.
— Vim pedir para namorar a sua filha.
"Oi? Como assim? Por que você não pergunta para mim primeiro?"
Minha mãe entrelaça as mãos no peito, sorrindo.
— O irmão do pastor, que bênção.

"Não acredito. Como assim? É assim que os namoros funcionam?"
Fico observando.
— Filho, por que você quer namorar a minha filha?
"Ninguém vai perguntar se eu quero?"
Ele responde, sério, encarando meus pais:
— Ela é prendada, sabe tocar piano e é da igreja. Vai ser uma boa mulher de pastor.
Meu pai balança a cabeça para cima e para baixo, visivelmente impressionado com a postura do rapaz.
Meu pai olha para mim:
— Osana, minha filha, você quer namorar esse rapaz?
"Nem sei se quero!"
— Quero!
"Será que eu quero?"

— Vó, vovó!
Aurora me interpela:
— Você namorou sem saber se queria?
— É, mas não durou muito tempo. Eu era muito criança ainda, para namorar.
— Quando eu posso namorar, vovó?
"Ai, meu Deus!"
— Falta muito tempo ainda, Aurora. Por quê? Você já pensa nisso?
Ela balança a cabecinha para os lados, pegando sua boneca nos braços:
— Não..., eu só queria saber.
"Ufa!"
— E quando você namorou de novo?
— Foi um tempo depois, mas aí eu já sabia que queria. E com o menino que eu gostava.
— E quem era?
— Um garoto da escola.
— Era meu avô?
Eu rio:

— Ainda não.
— Quando é que chega o meu avô nessa história?
Rio ainda mais:
— Depois desse moço, mas tenho que contar como é que foi primeiro, pode ser?
— Tá bom...

Agora eu já tenho mais de vinte anos.
Eu estou na sala de casa, quando minha mãe chega com mais uma peça nova para o meu enxoval.
— Olha, Osana, que conjunto de lençol mais lindo!
Eu olho, mas presto atenção ao crochê.
— Que bonito, mãe, obrigada!
Ela segue para o quarto, toda feliz com o lençol e eu fico sozinha.
"Eu não pensava em me casar tão cedo, mas há tempo minha mãe está fazendo um enxoval para mim."
Faz sete anos que estou namorando e me sinto cansada dessa relação por carta.
Suspiro.
— Bom, agora, que ele finalmente se formou, pode ser que a gente fique junto de verdade.
"Como demorou, meu Deus!"
Alguém bate na porta e abre em seguida.
"É ele!"
Meu namorado entra e se senta no sofá, de frente para mim:
— Osana, eu preciso falar sério com você.
Eu me ajeito, colocando o crochê de lado e fico olhando para ele, toda feliz.
"Será que ele vai querer se casar agora?"
Ele pigarreia um pouco e fala:
— Eu não quero mais namorar!
"Oi?"
— Quê?

Dou um pulo do sofá e fico boquiaberta, olhando para ele, que vem com uma conversinha mole:

— Agora que eu estou formado, quero curtir minha vida, não vou casar agora.

— O quê? Depois de todo esse tempo que eu esperei você se formar? Pois você vai lá e fala com a minha mãe, na cozinha. Você não me pediu em namoro para ela? Pois vá se explicar com ela.

Ele me olha surpreso, mas se levanta e vai.

"Eu não acredito!"

Depois disso, minha mãe ficou tão deprimida que ficava chorando pelos cantos.

Ela e eu tínhamos certeza de que ia dar em casamento. No entanto, ele ficou me enrolando, me prendendo a ele por muito tempo, até que eu finalmente percebesse que ele não valia muita coisa.

A minha decepção foi enorme.

Na mesma época, eu comecei a estudar artes em uma faculdade na cidade vizinha.

Algum tempo se passou e até conheci outros rapazes, mas nenhum que me chamasse a atenção do coração. E o ex sempre me rondando.

Um dia, estou voltando para casa, andando pela praça e ele passa buzinando:

— Oi, Osana, como você está linda hoje. Quer carona?

Eu não respondo.

"Abusado!"

— Osana, fala comigo, meu amor!

Não digo nada e caminho mais rapidamente.

Ele para o carro e vem falar comigo.

— Osana, fala comigo!

Sinto raiva e falo em tom sério:

— Vamos dar um basta nisso, agora.

— Como assim, meu amor?

— Presta atenção! Você quer voltar, a gente volta hoje e vamos casar. Senão, some da minha vida.

— Eu quero tudo isso, Osana, mas não agora. Para mim, você está guardada num armário, quando eu quiser eu tiro você de lá.

Sem pensar, eu voo com a mão na cara dele e vejo uma marca vermelha surgir, no formato da minha mão.

"Bem-feito!"

Ele segura meu pulso.

Continuamos a discussão no meio da praça:

— Olha só, se você é homem, não olha mais na minha cara, atravessa a rua, não liga para mim, some!

Saio correndo e choro.

Eu me liberto dele nesse dia, pego tudo relacionado a ele – carta, bilhetes e fotos – e ponho fogo, na beira de um rio.

"Basta!"

O tempo continua passando e sigo sozinha.

É tarde da noite e eu estou no meu quarto, quando meu irmão bate na porta e abre.

— Osana, o irmão da minha namorada, de Brasília, vai dormir em casa, arruma uma cama para ele dormir, por favor?

Eu me levanto.

Quando chego à sala, vejo um moço lindo.

"Uau! Que rapaz é esse?"

Disfarço.

Ele se apresenta, cheio de charme:

— Oi, tudo bem? Sou o Ronaldo. Desculpe incomodar, vim para ver o jogo do Flamengo.

— Oi, tudo bem? Sou a Osana. Não tem problema.

Ele fica me olhando.

Sigo a arrumar a cama para ele.

No dia seguinte, quando estou saindo para trabalhar, percebo que ele fica me olhando.

"Mas que safado!"

Não quis nem saber. Fui trabalhar!
"Eu, hein? Já estou vacinada!"

— Vovó?
— Oi?
— Agora é meu avô?
Rio:
— É sim!
Ela se remexe toda:
— Eu não acredito!
— O que foi, Aurora?
— Você não queria meu avô?
— Imediatamente, não.
— Coitado.
— Coitado nada.
— Por quê?
"Como é que se explica essas coisas para uma menininha tão jovem ainda?"
— Aurora, para a gente se relacionar, tem que conhecer bem a pessoa primeiro, entende?
— Você foi conhecer meu avô bastante, então?
— É...
Ela fica brincando com os rolos de linha na mão, esperando que eu continue minha história.
Ela me olha e diz seriamente:
— Meu avô é o primeiro nó?
— Sim, meu amor!
— Então pode continuar a história!
Rio por dentro.
"Ok, vamos lá!"

CAPÍTULO 2

O SEGUNDO NÓ: DANIEL!

"Assim diz o Senhor: 'Vocês dizem que este lugar está devastado, e ficará sem homens nem animais. Contudo, nas cidades de Judá e nas ruas de Jerusalém, que estão devastadas, desabitadas, sem homens nem animais, mais uma vez se ouvirão as vozes de júbilo e de alegria, do noivo e da noiva, e as vozes daqueles que trazem ofertas de ação de graças para o templo do Senhor, dizendo: 'Deem graças ao Senhor dos Exércitos, pois ele é bom; o seu amor leal dura para sempre'. Porque eu mudarei a sorte desta terra como antigamente", declara o Senhor.
(Jeremias 33:10,11)

De que maneira os nós das nossas vidas se transformam em obras de arte? Essa transformação depende do tempo, do amor ou dos ressignificados que damos aos acontecimentos com o passar do tempo?

As dores que sofremos não passam da noite para o dia, algumas sequer nunca se curam, mas com o viver, chegam duas aliadas que fazem a grande diferença: maturidade e sabedoria.

Não foi fácil ressignificar meus nós, transformá-los em lindas obras artísticas, mas assim o fiz.

O meu primeiro nó certamente foi o mais dolorido, até hoje o mais duradouro, com incontáveis dias difíceis, uma história de amor, perdas, ganhos e renascimentos. O nó do início e do fim, que gerou novos nós e vai gerar para sempre, por meio de minha descendência. A vida, que nunca para, nunca termina, mas se perpetua no amor dos nossos.

O meu segundo nó não doeu, sempre foi e continua sendo amor, mas ainda assim, esse nó, que se chama Daniel, veio com um pouco de dor. A dor da minha própria ausência, da culpa de não poder ser mais, estar mais. O primeiro nó ainda me segurava com toda sua força e assim continuou sendo, até o terceiro nó. Nas histórias da vida, que só com o tempo compreendemos sua profundidade e lições.

Por que Deus quis assim? Só Ele é capaz de saber, mas hoje posso sentir que tudo aconteceu exatamente como tinha de acontecer, trazendo dor, mas experiência, tirando de um lado, dando de outro, no equilíbrio e na corda bamba da vida, me ensinando e me moldando a ser melhor.

De que maneira os nós das nossas vidas se transformam em obras de arte? Através do tempo, do amor e da vida, que pulsa em nós!

Aurora se levanta e se senta no sofá, bem ao meu lado.
Ela segura sua boneca e a cesta com os fios de macramê coloridos.
— Vovó!
— Sim, Aurora?
— O primeiro nó foi meu avô, certo?
— Foi sim.
— E o segundo?
Sorrio:
— Você não adivinha?
Ela balança a cabecinha para os lados, em sinal de negação.
Eu respondo:
— Quer fazer o segundo nó?
Ela entorta o pescocinho.
"Mas é linda..."
— Daí você me conta o segundo nó?
— Conto! Mas tenho que contar tudo, até chegar lá.
Ela assente:
— Um passinho de cada vez, não é, vovó?
Tão esperta essa menina!
Faço os movimentos do segundo nó e, de maneira impressionante, ela segue cada movimento, com perfeição.
Bato palmas:
— Parabéns, Aurora! Você nasceu para fazer macramê, minha netinha!
— Eu sou igual a você, vó!
Uma comoção invade meu corpo:
— Por que você diz isso, Aurora?
Ela olha para cima, me encarando:
— Porque eu quero ser, oras!
Engulo seco, para não cair no choro e volto para a história.

No dia seguinte, fui comer pizza com meu irmão, sua namorada e o tal do Ronaldo, três anos mais novo do que eu.

De propósito, eu levo um menino comigo, só para causar ciúmes no Ronaldo.

"Pensa que me engana? Já conheço rapazes como você, viu?"

— E então, Ronaldo, vai ver o jogo amanhã?

— Claro, eu vim aqui para isso, Osana.

Conversa vai, conversa vem, e ele passa a noite me observando, enquanto eu dou mais atenção ao meu amigo do que para ele.

Na manhã seguinte, eu estou na praia.

"E não é que ele desistiu do jogo?"

Rio.

— Está rindo do que, Osana?

— Nada não, Ronaldo. Você não ia ver o jogo?

— Mas como eu podia ir ao jogo, se você não ia?

"Eu sabia!"

Ele sai correndo e segue para mergulhar de uma pedra bem alta, a "Pedra da Baleia". Minha amiga comenta:

— Olha lá, Osana, ele pulando da pedra, só para chamar sua atenção.

Nós duas caímos no riso.

Eu estou na rodoviária com meu irmão, sua namorada e o Ronaldo.

Eles vão voltar para Brasília.

— Osana, eu preciso te dizer uma coisa, é muito sério.

— O que foi, Ronaldo?

Ele pega minhas mãos e respira fundo, olhando bem nos meus olhos:

— Eu me apaixonei por você! Namora comigo?

— Quê?

Solto minhas mãos das dele.

— Eu não caio nessa. Você mora em Brasília, eu no Rio de Janeiro. Não quero isso para mim.

"De novo, não. Já basta o outro, que me enrolou por sete anos."
Ele insiste:
— E seu eu vier morar aqui?
— Como assim?
— Eu posso tentar vir morar aqui.
— Daí eu penso.
Ele sorri:
— Eu vou voltar sexta-feira, para ver você.
Ele pisca para mim e vai se despedir do meu irmão, enquanto a irmã dele me puxa para o canto e me alerta:
— Meu irmão é um safado, não caia nessa!
"E agora?"

Ronaldo ficou vindo ao Rio todo final de semana por um mês seguido.
Agora ele está lá em casa, mais uma vez. E apesar de gostar dele, me sinto insegura com a situação.
— Ronaldo, eu preciso falar sério com você.
— O que, Osana?
— Eu quero casar, nós dois estamos morando cada um em um lugar, já me disseram que você não vale nada. Eu não quero isso para mim!
— Mas, Osana, eu quero ficar com você!
— Chega de conversinha, Ronaldo. Para de me mandar flores, bombom, pode parar! Eu quero casar, isso não vai dar certo.
— E se eu vier morar no Rio de Janeiro?
— Aí, a gente pode namorar!
O tempo passou e ele veio mesmo. Seu pai era militar e o Ronaldo o convenceu a pedir transferência para cá.
"Uau!"

Depois de um ano e oito meses namorando o Ronaldo, que foi meu terceiro namorado, eu estou totalmente apaixonada.

"Foi tudo tão rápido, meu Deus!"

— Nós vamos ficar noivos, mãe!

— Noivos, Osana? Mas seu namorado não trabalha.

— É que ele estudava muito para passar em concursos e agora passou em cinco. Ele vai trabalhar em breve, mãe!

Meu pai chega à sala:

— Eu ouvi direito, Osana?

Eu dou risada com o meu pai.

— Parabéns, minha filha!

Minha mãe fica só observando, quieta, enquanto meu pai me abraça e me beija.

"Coitado do meu pai, lutando contra um câncer linfático, está perdendo a visão, mas felizmente se converteu a Jesus."

Sinto alegria em abraçar meu pai, sabendo que ele vai poder entrar comigo na igreja.

Começamos com os preparativos para o casamento.

Algumas semanas se passam.

Eu e o Ronaldo estamos no consultório médico para exames pré-nupciais e aproveito para falar do fato de que ele está emagrecendo muito.

O médico responde:

— Ah, casar emagrece mesmo.

— Mas ele emagreceu vinte quilos, doutor.

Ele olha para meu noivo, parecendo conter a surpresa:

— Vinte quilos, Ronaldo?

Ele assente.

Eu continuo:

— E ele come normalmente, doutor, não entendo. E às vezes tem febre durante a noite e dores fortes no joelho.

— Você joga futebol, meu filho?

Ele balança o pescoço, confirmando.

— É isso. Vai passar!
"Será?"
Suspiro, preocupada com meu casamento.
"Nós não temos dinheiro ainda, ficamos noivos no mês de julho – com a aliança dos pais do Ronaldo – e em setembro ele começou a trabalhar."
Ronaldo vira para o médico:
— Seis de janeiro, doutor, está chegando o dia do nosso casamento!
Eu conto algo:
— O sonho do meu pai é entrar comigo na igreja. Espero que ele aguente até lá! Está lutando contra um câncer.
O médico olha e abaixa a cabeça, dizendo:
— Vai dar tudo certo!

Eu e Ronaldo estamos em casa. Uma pastora veio orar em favor do meu pai. Eu aproveito para pedir pelo meu noivo:
— Pastora, a senhora pode orar pelo Ronaldo também?
Ela fica me olhando e segue em nossa direção.
— O que ele tem?
— Emagreceu, tem febre e dor no joelho, mas os médicos dizem que ele não tem nada.
Suspiro, ainda preocupada com o momento.
"Depois de voltarmos ao médico, agora reumatologista, fazer tomografia e ele dizer que não é nada, seguimos cuidando dos preparativos do casamento."
Ela põe a mão na cabeça do Ronaldo e ora.
Eu fico emocionada.
Em seguida, a pastora comenta:
— Deus manda te falar que seu problema é no sangue, procura um especialista.
"Ai, meu Deus! Como assim?"
— Obrigada, pastora!

Ela vai embora e eu marco uma consulta no dia seguinte com um hematologista, mas Ronaldo acaba não indo, por causa do valor da consulta e do foco que estamos no casamento.

"É tanta coisa para resolver..."

O tempo passa e o Ronaldo piora muito.

Marco a consulta pela segunda vez e agora ele aceita ir.

"Não tinha mais como adiar!"

Estamos no médico hematologista, que está há um tempo olhando o exame de sangue da medula do Ronaldo.

— E então, doutor? – pergunto, nervosa.

Ele continua lendo os papéis e pigarreia um pouco.

— O que eu tenho? – Ronaldo questiona.

Ele olha para nós, sério.

"Ai, meu Deus. O que aconteceu?"

Meu coração dispara, a respiração acelera.

"Fala logo!"

Ele finalmente se manifesta:

— Ronaldo, eu sinto muito, mas você tem leucemia linfática aguda, tem que começar um tratamento amanhã.

"Oi? Como assim? O que é isso?"

— O que é isso, doutor? É grave?

Ele assente e prossegue, enquanto Ronaldo está mudo, paralisado e boquiaberto:

— Vocês querem ligar para alguém?

"Ligar? Por quê?"

Estou totalmente confusa. Parece que não estou ouvindo direito.

O médico explica:

— É bom ter alguém aqui com vocês.

Ligo para o pastor da nossa igreja, que se prontifica a nos encontrar, imediatamente:

— Em quinze minutos, eu estou aí!

Minha cabeça gira. Olho para todos os lados.
"Hoje é trinta de dezembro."
— Doutor, a gente se casa dia seis de janeiro.
Ronaldo pega nas minhas mãos e fala pela primeira vez, desde que recebemos a notícia:
— Eu libero você, Osana, volto para Brasília, vou me cuidar. Você continua sua vida!
Eu o abraço:
— De jeito nenhum! Deus tem um propósito! Se eu já cheguei até aqui, vamos continuar!
Os minutos passam e o pastor chega, entra na sala e logo se informa com o médico.
Olha para nós com ternura:
— Vai dar tudo certo, Ronaldo, você não está sozinho, meu filho.
Sinto um alento.
Encaro o pastor:
— O senhor nos ajuda a dar a notícia para meus pais?
Ele abaixa o queixo, apoiando minha vontade.
Saímos.
Eu estou completamente atordoada. E o Ronaldo também.
"Guia-me, meu Pai!"
Seguimos para casa, desnorteados.

No dia seguinte, estamos novamente no hospital.
Depois da notícia, meus pais quiseram entender melhor a situação.
O médico olha para minha mãe:
— Se fosse minha filha, eu não deixaria casar, porque ela vai ficar viúva em um mês.
"Viúva? Mas eu nem me casei ainda!"
Eu o interrompo:
— Doutor, a gente se casa sábado...
Ele responde:

— Casamento não tem contraindicação, minha filha, mas não tenha ilusão, você vai ser tudo... médica, cuidadora, enfermeira, menos amante, menos namorada.

"Deus do céu! Que raiva desse médico! Ele não tem fé! Eu tenho fé!"

E me falta o ar. Ronaldo está chocado, paralisado e quieto.

— Podemos voltar amanhã para conversar, doutor?

"Eu preciso pensar direito, estou confusa demais, foi tudo tão rápido!"

O médico responde:

— Claro.

Volto para casa e não consigo dormir.

"Será que isso é grave mesmo?"

No dia seguinte, estamos novamente falando com o médico, que explica tudo sobre a doença, tratamento, previsões horrorosas e tudo o mais.

Suspiro.

"Já estamos aqui há duas horas. Qual o Seu propósito, com isso tudo, Senhor?"

Pergunto ao médico:

— Leucemia pega, doutor?

— Não.

— Dá para esperar uma semana?

— Dá.

Eu digo para o Ronaldo:

— Está tudo pronto para o casamento! A gente casa e você faz o que tem que fazer, em seguida.

O médico dá uma alternativa:

— Ronaldo, você começa com uma medicação oral, casa no sábado, se interna no domingo e começa o tratamento.

Olho para o Ronaldo, que mal reage.

"Que pesadelo é esse, meu Deus?"

Saímos dali para a casa do pastor e oramos o dia inteiro.

No fim do dia, o pastor fala:

— Casar ou não casar. Qualquer uma das decisões tem um preço! Paga o preço que Deus assume o prejuízo.

Respiro fundo, com toda fé e esperança que me cabem.

"É isso, Osana. Você casa! É da vontade de Deus, sim!"

— Vamos casar, Ronaldo!

Apesar de toda tensão, eu sigo firme em minha decisão, com a fé que tenho em Deus!

Sorrio!

"Obrigada, Senhor!"

Encho o peito de ar e solto lentamente, caminhando rumo ao altar da minha igreja. Olho para o Ronaldo, me esperando com um sorriso lindo em seu rosto.

Solto, automaticamente:

— Meu amor!

Viro para meu pai, todo orgulhoso, realizando seu sonho.

"Me perdoe, pai, por não contar para você sobre a doença do Ronaldo. Já basta que você saiba da sua."

Meu pai sussurra:

— Você está linda, Osana!

Sorrio para ele, chegando ao altar e dando o braço para o meu quase marido.

Eu e ele nos olhamos com lágrimas nos olhos.

"Obrigada, meu Deus!"

Eu me sinto plena por ver meu pai realizar seu sonho comigo.

Presto atenção na cerimônia.

O pastor fala das Bodas de Caná:

— Jesus, meus amados, transformou a água em vinho, salvando aquela festa de casamento.

Eu e Ronaldo nos entreolhamos.

O pastor continua:

— O vinho, que representa a alegria, numa época em que as festas de casamento duravam sete dias... Maria avisou que o vinho tinha acabado, então Jesus mandou que enchessem as talhas com água.

"Que emoção, meu Deus! Obrigada!"
Ele prossegue seu sermão:

— Quando lhe trouxeram as talhas, Ele orou e disse que podia servir a bebida, que acabara de transformar. E foi considerado o melhor vinho que alguém já tinha tomado em sua vida. Os convidados disseram que o dono da festa havia guardado o melhor vinho para o final, quando todos faziam o contrário.

"Que lindo!"

Meu pai e minha mãe enxugam os olhos e sorriem para mim.

O pastor finaliza:

— O vinho da alegria jamais faltará!

Eu movimento a cabeça para cima e para baixo.

"Obrigada, Senhor!"

O pastor nos olha novamente, se aproximando um pouco e fala mais alto, batendo no púlpito:

— O vinho da alegria jamais faltará.

Sinto meu coração batendo forte e ele repete, num tom ainda mais forte:

— O vinho da alegria jamais faltará!

"Obrigada, meu Deus! É um milagre!"

O pastor termina, sussurrando:

— O vinho da alegria jamais faltará...

Sinto segurança em mim e uma comoção que jamais senti na vida.

"Eu sei que é a Sua promessa!"

A cerimônia termina e seguimos para um hotel, para nossa curta lua de mel.

"Como poderíamos fazer uma festa, se o agora meu marido deve se internar no dia seguinte?"

Aceitamos com alegria o que tinha de ser.

No dia seguinte, estamos no hospital para o primeiro dia de internação.

Após nossa noite de núpcias, passamos pela casa de meus pais, em cujo sobrado decidimos morar, devido ao problema de saúde de Ronaldo. Além do fato de que o nosso apartamento ainda não ficou pronto.

"O banco atrasou a entrega do apartamento."
Abrimos nossos presentes rapidamente e depois seguimos para o inevitável.
— Chegamos, Ronaldo!
Ele me olha e sorri.
Respiro profundamente, soltando devagar.
"Ele nunca reclama de nada e não demonstra nenhum pessimismo."
Sorrio de volta:
— Vai dar tudo certo!
Ele assente e sorri:
— Claro que vai!
"Ele sabe sublimar tudo. Que graça o meu marido!"
Suspiro e me lembro da promessa:
"O vinho da alegria jamais faltará! Confio em Ti, Senhor!"
Durante toda a semana, ele faz uma bateria de exames e começa a quimioterapia.
— Eu vou vomitar, Osana!
— Calma, Ronaldo!
Ele vomita e eu rapidamente pego o saco plástico, para evitar a sujeira.
Ouço aquele barulho de vômito, sinto o cheiro e seguro a minha vontade de vomitar.
"Força, Osana, força. Você está aqui pelo seu marido! Vai dar tudo certo!"
Fico ao lado dele olhando a cena e inevitavelmente penso no meu pai, nas tantas vezes que estive com ele no INCA, o Instituto Nacional do Câncer, no setor de cabeça e pescoço. O pior, na minha opinião.
"Coitado do meu pai, com um enorme tumor no pescoço, que poderia crescer até se romper... mas como descobrimos antes, pudemos dar a ele uma sobrevida."
— Socorro, Osana.
— Vai dar tudo certo, amor, é só uma fase. Você vai ver!
"Tadinho."
— Eu estou aqui, Ronaldo.
Seguro sua mão, enquanto ele vomita mais uma vez.

Passado um mês de tratamento, me sinto cansada, mas cheia de fé e esperança.

Estou no hospital, mais uma vez, quando o médico me chama para entrar na sua sala.

Eu me sento e ele logo começa uma conversa:

— Eu preciso te dizer algo importante, Osana.

Sinto um nó na garganta.

"Não me dê más notícias, por favor!"

Ele entrelaça as mãos na frente do corpo e fica me encarando, sério.

— O que foi, doutor? Pelo amor de Deus!

— Você pretende ser mãe, Osana?

— É o meu grande sonho! Mas com toda essa situação, não deu tempo de pensar nisso ainda.

Ele balança o pescoço para baixo e para cima:

— Pois você tem que pensar!

— Por quê?

"Eu não entendo!"

— Se você quiser engravidar, tem que ser agora.

— Como assim?

— Se ele sobreviver, vai ficar estéril, Osana. Eu sinto muito.

Ele se levanta e me chama:

— Vem aqui, eu vou mostrar para você.

Ele aponta para uma lâmina no microscópio e me aponta para verificar:

— Olha!

Eu me abaixo, sem entender muito bem.

Vejo pouca coisa e ele explica:

— Esse material é do seu marido. Os poucos espermatozoides que aparecem não se movem, não têm vida.

"Ai, meu Deus!"

Ele reforça:

— Se você quiser ser mãe, Osana, é agora.

Eu fico destruída com a sua fala.

— Eu vou pensar nisso, doutor.

Levanto e saio.

Volto para ver Ronaldo, que imediatamente percebe minha tristeza:

— O que foi, Osana? O que você tem?

— Nada, amor.
— O médico te deu alguma notícia ruim?
— Nada, imagina, está tudo bem.

Nesse dia, vou para casa e choro debaixo do chuveiro e tenho uma conversa séria com Deus:

— Mais essa, Senhor? Não é o suficiente meu pai e o meu marido com câncer? Eu não vou poder ser mãe? O Senhor sabe que eu adoro criança.

Choro e me ajoelho no chão:

— Me ilumina, Senhor, me dê forças para suportar esse fardo. Me dê algo que me traga esperança!

Choro sentida.

Olho para cima, ainda em oração:

— Eu quero ser mãe, Senhor, mas não quero me preocupar com isso agora. Eu não consigo, não agora.

Levanto.

Termino meu banho, cansada de tanto chorar.

Depois de me enxugar e colocar um pijama, decido pegar a Bíblia.

Eu me sento na beirada da cama e a trago contra meu peito. Fecho os olhos por uns instantes e respiro devagar, como se pudesse me conectar com Deus, depois desse dia tão difícil e da oração no banheiro.

Abro, esperando uma resposta e leio:

— Jeremias 33:10.

"O que tem aqui?"

Continuo, agora em voz alta:

— *Assim diz o Senhor: "Vocês dizem que este lugar está devastado e ficará sem homens nem animais. Contudo, nas cidades de Judá e nas ruas de Jerusalém, que estão devastadas, desabitadas, sem homens nem animais, mais uma vez se ouvirão as vozes de júbilo e de alegria, do noivo e da noiva, e as vozes daqueles que trazem ofertas de ação de graças para o templo do Senhor, dizendo: 'Deem graças ao Senhor dos Exércitos, pois ele é bom; o seu amor leal dura para sempre'. Porque eu mudarei a sorte desta terra como antigamente",* declara o Senhor.

"Obrigada, meu Deus!"

Sinto lágrimas escorrerem pelo meu rosto.

E continuo lendo, para mim mesma, cheia de comoção:

— *Assim diz o Senhor dos Exércitos: "Neste lugar desolado, sem homens nem animais, haverá novamente pastagens onde os pastores farão descansar os seus rebanhos, em todas as suas cidades. Tanto nas cidades dos montes, da Sefelá, do Neguebe e do território de Benjamim, como nos povoados ao redor de Jerusalém e nas cidades de Judá, novamente passarão ovelhas sob as mãos daquele que as conta", diz o Senhor.*

Começo a chorar e, entre soluços e gemidos, sigo minha leitura:

— *"Dias virão", declara o Senhor, "em que cumprirei a promessa que fiz à comunidade de Israel e à comunidade de Judá. "Naqueles dias e naquela época farei brotar um Renovo justo da linhagem de Davi; ele fará o que é justo e certo na Terra. Naqueles dias, Judá será salva e Jerusalém viverá em segurança, e este é o nome pelo qual ela será chamada: O Senhor é a Nossa Justiça".*

— Daniel! Daniel! Daniel! – eu começo a gritar e argumento, sozinha – É o significado do nome Daniel!

"É uma promessa, Senhor, obrigada!"

Prossigo, aos prantos:

— *Porque assim diz o Senhor: "Davi jamais deixará de ter um descendente que se assente no trono de Israel, nem os sacerdotes, que são levitas, deixarão de ter descendente que esteja diante de mim para oferecer, continuamente, holocaustos, queimar ofertas de cereal e apresentar sacrifícios". O Senhor dirigiu a palavra a Jeremias: "Assim diz o Senhor: Se vocês puderem romper a minha aliança com o dia e a minha aliança com a noite, de modo que nem o dia nem a noite aconteçam no tempo que está determinado para vocês, então poderá ser quebrada a minha aliança com o meu servo Davi, e neste caso ele não mais terá um descendente que reine no seu trono; e também será quebrada a minha aliança com os levitas que são sacerdotes e que me servem.*

"Obrigada, meu Deus, obrigada!"

— *Farei os descendentes do meu servo Davi e os levitas, que me servem, tão numerosos como as estrelas do céu e incontáveis como a areia das praias do mar. O Senhor dirigiu a palavra a Jeremias: "Você reparou que essas pessoas estão dizendo que o Senhor rejeitou os dois reinos que tinha escolhido? Por isso desprezam o meu povo e não mais o consideram como nação". Assim diz o Senhor: "Se a minha aliança com o dia e com a noite não mais vigorasse, se eu não tivesse estabelecido as leis fixas do céu e da Terra, então eu rejeitaria os descendentes de Jacó e do meu servo Davi e não escolheria um dos seus descendentes para que governasse os descendentes de Abraão, de Isaque e de Jacó. Mas eu restaurarei a sorte deles e lhes manifestarei a minha compaixão".*

Eu me levanto, emocionada e feliz.

Aperto a Bíblia em meu coração, de olhos fechados.

"Obrigada por tranquilizar meu coração!"

Falo balançando o pescoço para cima e para baixo, com a Bíblia fechada no peito:

— Se um dia eu tiver um filho, ele vai se chamar Daniel!

"Obrigada, meu Deus! Obrigada!"

Eu me deito para dormir, aliviada e feliz.

— Vó! Vovó! Daniel é o meu pai!

Aurora me chama para o tempo presente.

Respondo, sorrindo:

— Sim, claro, que é o seu pai. Deus me prometeu naquele momento, que eu ia ser mãe, sim.

Vejo seus olhinhos brilharem.

— E meu pai conhece essa história?

Assinto.

— É legal.

— Legal?

— Você achou que não ia ser mãe e o Papai do Céu te deu meu pai.

Suspiro:

— Foi o presente da minha vida, Aurora!

— Eu sou o presente do meu pai, então?

Caio no riso:

— Não só do seu pai, mas meu também.

— E se meu avô estivesse aqui?

Não resisto e a ponho em meu colo.

Passo a mão na sua bochecha:

— Se seu avô estivesse aqui, você seria o maior presente da vida dele, Aurora.

— Acho que não, vó.
Agora, eu entorto o pescoço para o lado.
— Por que não?
Ela toca meu cabelo e se explica:
— Acho que você é o maior presente dele.
Ela pula do meu colo, como se não tivesse falado nada demais e corre para a cozinha.
— Vou pegar água, vó!
Eu disfarço as lágrimas e fico vendo Aurora sumir pela porta.
Olho para cima:
— Obrigada, meu Deus!
"O vinho da alegria jamais faltará!"
Minhas lembranças retomam meus pensamentos.

O tempo passa.
Eu estou em casa, em mais um fim de semana de internação do Ronaldo.
"Preciso ir logo ao hospital!"
Estou ajudando meu pai com o curativo em seu pescoço.
Ele geme:
— Ai, ai, ai.
"Coitado!"
— Calma, pai, já estou terminando.
— Tá...
Ele suspira, mas percebo a dor que sente.
Meu pai tenta mudar de assunto, provavelmente para se distrair da dor:
— E o Ronaldo, onde está, minha filha?
— Tratando do joelho no hospital, pai. Lembra? Nos fins de semana, ele cuida do joelho.
— Hum.
"Judiação, até hoje não sabe que meu marido também tem câncer. Por que eu contaria mais esse sofrimento?"
— E o seu apartamento, Osana?
— Ah, você sabe. O banco vai demorar para entregar.

— Perguntei só para esquecer a dor, minha filha, você sabe o quanto eu gosto que more aqui.

Sorrio:

— Eu sei, pai, seu carro também me ajuda muito. Obrigada.

A vida seguiu assim, até a morte do meu pai, seis meses depois. "Descansou!"

Três anos e meio de tratamento se passam.

"Tanto tempo, Senhor! Obrigada por me dar forças!"

Suspiro.

Eu estou no hospital, seguindo por um corredor, e não estou me sentindo bem.

— O que você tem, Osana? – um dos médicos que cuida do Ronaldo me pergunta.

Eu me seguro na parede de olhos fechados e respondo:

— Estou enjoada, doutor, me sinto cansada, com sono.

— Desde quando você está assim? – ele toca meu pulso.

— Desde ontem. Queria deitar e dormir o dia todo. Deve ser exaustão!

— Vem aqui, Osana!

Ele me leva para sua sala, onde me sento e fico abaixada na cadeira, de olhos fechados.

O médico me questiona:

— Osana, você tem tomado anticoncepcional?

Respondo, ainda sem me mover ou abrir os olhos:

— Não, doutor, já faz muito tempo que eu parei, ia tomar para quê? Nós quase não ficamos juntos e mesmo que ficássemos, o senhor sabe...

Fico constrangida de me explicar e acho bom estar de olhos fechados.

Eu me calo.

Ouço o médico respirar fundo:

— Vamos colher seu sangue, Osana.

Abro os olhos:

— Por que, doutor?

— Vamos aproveitar que você está aqui e fazer uns exames.
— Tá bom.
Dou de ombros e aceito.
— E tem algo mais, Osana!
Falo alto em tom ríspido, sem pensar:
— Ah, doutor, pelo amor de Deus, mais notícia ruim?
Ele ri.
"Como assim, ele está rindo?"
— Eu vou suspender as medicações do Ronaldo.
Dou um pulo na cadeira.
— Como assim, suspender? O que aconteceu?
"Não adianta mais? Piorou?"
Meu coração chega a doer no peito, de tão acelerado.
O médico parece calmo, suspira e fala, sorrindo:
— O sangue dele está limpo, a medula está limpa, vamos dar alta vigiada para ele.
— O sangue dele está limpo, doutor?
— Sim – ele balança a cabeça – É um milagre, Osana.
— A medula está limpa?
"Obrigada, Senhor!"
— O que é alta vigiada? Ele vai ficar tão feliz.
— Ele vai fazer exame toda semana, é isso.
— Graças a Deus, obrigada!
A alegria foi imensa, nunca imaginamos que ele poderia voltar para casa com essa notícia.

Para nós, cada ano que passava era uma vitória, todo dia Ronaldo tinha exames de sangue para fazer. De tarde, eu ligava ao laboratório para saber o número de leucócitos e hemácias, pois quando as taxas caíam muito não dava para ele fazer a sessão de quimioterapia.

E agora esse pesadelo nos dava uma trégua.
"Obrigada, Senhor!"
Falo sozinha:
— O vinho da alegria jamais faltará!

Poucas semanas passaram, desde a alta do meu marido, e o médico manda me avisar que, quando estivesse no hospital, eu deveria procurá-lo.
"O que será?"
Sempre fico em estado de alerta.
"Algum dia isso vai mudar, meu Deus?"
Estou andando no corredor do hospital, seguindo pela sala do médico e pensando na vida.
— Ai, ai...
Meu marido voltou a trabalhar e estamos vivendo um momento único.
Entro na sala do médico:
— Bom dia, doutor!
— Olá, Osana! Como você está se sentindo? Está bem de saúde?
Eu rio.
— Eu estou bem, mas por que o senhor pergunta sobre mim e não sobre o Ronaldo?
— Senta aqui, Osana, eu preciso dizer uma coisa para você.
Fico muda.
Ele aponta para um crucifixo na parede:
— Aquele que está ali fez dois milagres: curou o seu marido e deu a ele a capacidade de ser pai, deixou ele fértil novamente!
Pulo de onde eu estou:
— O quê?
— Você está grávida, Osana!
Gaguejo:
— O..., o... exame..., que o senhor fez?
Ele sorri, já assentindo.
"Eu não acredito!"
Inevitavelmente começo a chorar:
— A promessa, meu Deus!
"É o Daniel!"
Olho para o médico:
— É o Daniel, doutor!
Ele ri.
— Você até já sabe se é menino ou menina, Osana?
— Sei, Deus me falou, anos atrás.
O médico olha para o crucifixo e balança a cabeça, concordando com algo.

"Obrigada, meu Deus!"

Toco minha barriga, radiante de alegria, vida e plenitude!

Quando meu marido acabou o tratamento, precisou fazer biópsia dos testículos, porque no homem a célula cancerígena pode se esconder nesse local. E o resultado havia sido "esterilidade total". Mas Deus não falhou!

"A promessa de Deus... Meu Daniel!"

Os dias vão passando e a gravidez segue tranquila.

Eu não faço muitos exames de ultrassom, por isso, ainda não sei o sexo do meu bebê por um resultado médico, mas sei pela promessa.

"É o Daniel!"

Estou chegando à minha casa com mais uma roupinha de bebê.

Minha mãe olha:

— É lindo, minha filha, mas você está tão redonda, eu acho que tem chance de ser menina.

— Não, mãe, é o Daniel.

— Osana, você não comprou nada que não seja azul?

Balanço a cabeça para os lados e mostro a plaquinha que eu fiz para colocar na porta do quarto do hospital:

— Olha: Daniel!

— Você bordou a plaquinha com o nome Daniel?

— Deus fez uma promessa, mãe.

— Promessa?

Eu finalmente conto para alguém sobre aquele banho de anos atrás e da resposta de Deus!

Minha mãe e eu ficamos emocionadas.

Os dias seguem.

Eu estou no centro cirúrgico, sendo preparada para uma cesárea.

O médico explica:

— Seu bebê está sentado, Osana. É muito grande.
Fico em silêncio.
"Meu filho chegando antes do previsto."
Suspiro.
"Obrigada, meu Deus, por me manter calma!"
Olho para os médicos e enfermeiras à minha volta, agradecida pela época mais linda de nossas vidas.
Suspiro.
"Ronaldo está saudável! Nós temos uma vida normal!"
O médico me olha, passando algo em minha barriga:
— É véspera de Dia das Mães, Osana! Vai ser o seu primeiro Dia das Mães!
Sorrio, emocionada:
— Eu sei, Doutor!
Lembro que estava dando aula na educação infantil, ainda hoje, fazendo uma lembrancinha para as mães dos meus alunos.
"É de Deus que eu seja mãe neste dia!"
Eu estava cansada, inchada, trabalhei o dia inteiro, mas mesmo assim depois fui para o aniversário da minha cunhada e de madrugada minha bolsa estourou.
"Deus sabe o que faz!"
— É chegada a hora do meu Daniel!
"Bem-vindo, meu filho!"
Fecho os olhos e faço uma oração!

— Vovó!
Chacoalho a cabeça, vendo a Aurora me entregar sua boneca.
— Meu pai era maior do que minha boneca?
Rio:
— Era sim, meu amor.
— Meu avô ficou feliz?
— Muito...
— Ele achou que não ia ser pai, né?
Balanço a cabeça.

— E meu pai é o segundo nó?
— Exatamente.
— Êêê, acertei!
"Esperta essa menina!"
Ela me olha séria agora:
— Mas o nó do meu pai não doeu, né?
"Como pode? Tão pequena e já ter essa percepção sobre a vida?"
Respondo:
— Não doeu, Aurora, não doeu.
"Mas foi um bálsamo para muitas feridas."

CAPÍTULO 3

O TERCEIRO NÓ: ANDRÉ!

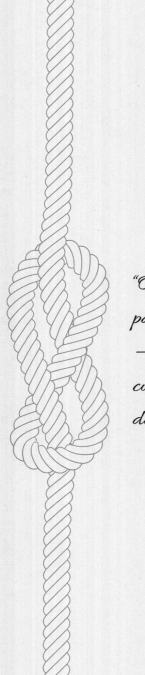

"O médico aponta o crucifixo na parede e fala para mim:
— Aquele que está ali fez dois milagres: curou seu marido e deu a ele a capacidade de ser pai, de ser fértil novamente!"

E quando a vida presenteia com um milagre inesperado? Apesar da promessa de Deus em resposta à minha oração, eu não pensava que seria mãe novamente.

Depois de previsões terríveis de que meu marido morreria em pouquíssimo tempo, que jamais teríamos filhos e ele nunca se curaria, Deus me mostrou o contrário: Ele realmente assumiu o prejuízo e me deu um marido curado, um filho lindo e tranquilo, que jamais me deu trabalho, dentro de uma vida "normal", que antes da doença a gente achou que teria, mas depois se mostrou como algo praticamente impossível.

Eu estava vivendo o melhor momento de toda a minha vida. Eu trabalhava dando aula de artes para as crianças da escola, cuidava do Daniel com mais tempo e tranquilidade e tinha meu marido trabalhando e em casa, como uma família comum. E apesar de toda mesmice que pode haver nisso, para nós era como estar dentro de um sonho. Um sonho que veio com atraso e que nem esperávamos mais, mas vivemos essa fase com muita gratidão!

A graça de Deus na minha vida chegou e passamos pelos tempos mais felizes de nossa vida juntos: a família, o amor, o respeito, a fé e a gratidão por estarmos vivendo algo comum, como a maioria das pessoas. Porém, com tudo que havíamos passado, sabíamos o valor de uma vida comum.

Nós havíamos perdido a mesmice da vida por um período. E, por isso mesmo, aprendemos a dar valor às coisas mais comuns do dia a dia, como nunca antes.

E então, o milagre do terceiro nó!

O André foi um presente inesperado, feliz e que me trouxe uma relação visceral. Mais uma! Um amor que veio para ficar: o amor de mais um filho.

E o amor de Deus: o presente que sinto como uma compensação por toda dor que a vida nos submeteu. E o amor pela própria vida, pelos momentos inesquecíveis em família que jamais sairão de dentro de mim. Os momentos entre pai e filhos.

André é como a minha cereja do bolo. A gente achava que não faltava nada para completar a nossa alegria, até ele chegar e mostrar que podíamos ficar ainda melhores!

E ficamos!

Eu movimento as mãos, mostrando à Aurora como fazer o terceiro nó.
— É difícil, vovó!
— Você consegue, minha pequena!
Ela se enrosca com um dos fios e ri:
— Olha isso aqui, vovó, virou um emaranhado!
"De onde ela conhece essa palavra?"
Eu rio:
— Emaranhado?
Ela estica as duas mãozinhas na minha direção:
— É, olha só...
Suspiro e comento:
— A vida é feita de emaranhados, às vezes, Aurora...
Ela fica me olhando, enquanto a ajudo a arrumar os fios e a fazer os movimentos certos, mais uma vez.
Ela segue o meu passo a passo e acerta o seu terceiro nó.
E comemora:
— Êêêêê, eu consegui!
— Conseguiu! Eu sabia, que você ia conseguir!
Ela dá uns pulinhos e beija sua boneca. E depois se vira para mim:
— Como se arruma o emaranhado da vida, vovó?
Fico boquiaberta.
"Minha nossa? Como é que se responde uma pergunta dessas?"
Olho bem para ela e respiro fundo, pensando no que responder:
— Sabe, Aurora, eu acho que tem duas coisas que consertam o emaranhado da vida.
Ela dá mais dois pulinhos na minha frente e fica imóvel, aguardando minha resposta:
— O quê?

— O tempo… e Deus.
— Papai do Céu?
Balanço o pescoço:
— Sim.
— Hum. E meu avô?
— O que tem ele?
— O que aconteceu depois?
Sorrio:
— Eu vou te contar...

Eu estou na escola onde dou aula há anos, na sala da diretora.
"O que será que ela quer falar comigo?"
Eu me sento.
— Tudo bem, Osana?
— Tudo, e você?
— Eu preciso falar algo importante com você.
"Ai, meu Deus. O que aconteceu?"
— O que houve?
— É sobre o prazo de licença de acompanhamento que você vem usando para cuidar do seu marido.
— Hum.
— Você já ficou três anos de licença, e com isso estourou o prazo.
Eu me pego de boca aberta:
— Nossa, já foi tudo isso?
Ela balança a cabeça, concordando.
— E o que eu faço?
— Podemos colocar todas as suas aulas num dia só, assim você continua trabalhando, mas pode ficar com os outros dias de folga.
"Folga?"
— Você faria isso por mim?
— Claro, Osana, todo mundo aqui sabe o que você faz quando não está aqui. A gente sabe que folga é algo que você nunca tem.
"Ufa!"

Respiro fundo, profundamente agradecida.
— Obrigada!
Não é só uma questão de salário, mas principalmente de fazer algo que eu gosto e espairecer a cabeça da minha presença quase diária no hospital.
"Obrigada, meu Deus! Obrigada pela compreensão e apoio de quem nos conhece!"
Sigo para a sala de aula. Vejo as crianças correndo em minha direção:
— Êêêêêê!
Elas me abraçam:
— Oi, Tia!
— Oi, Tia Osana!
— Oi, Tiaaaa!
Rio e respondo:
— Olá, meus amores – toco a cabecinha de cada criança que está em volta do meu corpo.
E são várias!

— Vó!
"Olha a Aurora, me trazendo de volta."
— Sim?
— Você gostava mais dos seus alunos do que de mim?
Caio no riso:
— Não, Aurora, eu gosto mais de você. Mas eu gostava muito deles também.
— Hum.
Ela fica olhando para baixo, tocando a cesta de fios.
Agora, me questiona:
— Você já dava aula de macramê na escola?
Balanço o pescoço para os lados:
— Não, o macramê veio bem depois na minha vida.
— Mas mesmo assim você já amava arte, né?
— Sim, desde quando eu era do seu tamanho.
— Eu também gosto de arte, vovó! Quer que eu faça uma arte para você?

— Quero! O que você vai fazer?

Ela dá um pulo para trás e vai até sua mochila, que está sobre uma cadeira, no canto da sala.

Vejo Aurora abrir a bolsa e retirar um caderno e um estojo.

Ela volta e se senta à minha frente, no outro sofá:

— Vovó, enquanto você conta história, eu vou fazer um desenho, mas não pode olhar!

Não consigo conter meu sorriso, que vai de uma orelha até a outra:

— Tá bom, eu não vou olhar!

Ela abre o estojo e começa a fazer um desenho, com a capa do caderno esticada para cima, para que não veja o que ela está fazendo.

"Mas é muito bonitinha mesmo..."

Suspiro e fico olhando para ela, admirando e pensando no que seu avô diria se estivesse aqui.

Mas ela me interrompe:

— Não é para olhar, vó!

Suspiro:

— Ai, ai...

Eu espremo os olhos:

— Não vou olhar, não vou olhar, eu prometo!

Viro um pouco para o lado.

E ela me chama a atenção:

— Vai, vovó!

— O que, Aurora?

— O que aconteceu com meu avô depois?

"Nossa! Ela está mesmo conectada com a história!"

— Tá bom, eu vou continuar, calma!

"Onde eu estava mesmo?"

Dois meses após o nascimento do Daniel, eu estou em casa, no meu quarto, tentando amamentar.

— Não chora, meu amor!

"Ele nem chora muito, tadinho. Como pode ser tão bom?"

Minha mãe tenta me apoiar:
— Você está sem leite, Osana!
— O que eu faço, mãe?
— Acho que vai ter que ir para a mamadeira, não tem jeito.
Olho para meu bebê, com olhinhos tão lindos, me encarando.
"E deixar essa criança linda com fome? Jamais!"
— Você faz a mamadeira, mãe?
Ela assente e sai.
Faço uma oração silenciosa, agradecendo.
"Obrigada, Senhor, pelo meu filho!"
Olho para o Daniel.
"A promessa de Deus!"
Penso no erro que ocorreu durante o parto. O médico não retirou toda a placenta e por isso eu tive uma inflamação.
"O Senhor sabe o que faz! Mas eu precisava passar por isso?"
Olho para o Daniel e nem consigo ficar chateada.
— Você é a promessa de Deus, meu filho!
Eu me levanto e o embalo com um hino da igreja, que eu gosto.
Ele está calmo, me encarando com os olhinhos brilhantes.
"Como ele é lindo, Senhor! Obrigada, meu Deus! Obrigada!"
Mesmo depois de ter voltado ao centro cirúrgico e perceber que, com tudo isso, não posso amamentar, me sinto a mãe mais feliz deste mundo.
Minha mãe volta com a mamadeira:
— Toma, filha!
Eu ofereço para ele, que toma, sem dificuldade.
"Que criança boa, Pai!"

O Daniel agora tem um ano e quatro meses.
Meu marido acaba de chegar do trabalho e estamos na cozinha.
— Cadê o Daniel, amor?
— Já dormiu, Ronaldo.
Eu sinto uma tontura repentina e me seguro na parede.
— Osana, o que você tem?

— Não sei, acho que estou cansada.
— Quer ir dormir?
Ele me ajuda a sentar na cadeira, me segurando pelo braço e pelo cotovelo:
— Não sei, deixa eu ficar quietinha aqui, um pouco.
Eu me sento e respiro devagar.
— Estou preocupado com você, Osana.
— Isso é bom.
Ele me olha assustado:
— Por quê? Como assim, bom?
Eu rio, apesar de estar passando muito mal:
— Sou eu passando mal e não você, meu bem.
Ele sorri e me dá um beijo na testa.
"Obrigada, Senhor, meu marido está bem. Isso é o que importa. E o Daniel está no berço, dormindo como um anjo, que é!"

No dia seguinte, eu mal consigo sair da cama.
Eu me levantei duas vezes na madrugada para vomitar e me sinto fraca e cansada.
— Osana, eu vou levar você ao médico.
— Não precisa, Ronaldo, deve ser uma intoxicação alimentar.
— Intoxicação alimentar, Osana? A gente comeu a mesma coisa, mas só você ficou doente? Troca de roupa, que nós vamos ao médico.
Decido obedecer, mas dou uma ideia:
— Você não tem que ir fazer seu exame no hospital? Eu passo pelo médico lá e fazemos uma viagem só.
— Tá certo. Vem, eu te ajudo!
Confesso que gosto da atenção, depois de anos me virando em duas ou três para cuidar dele, da casa, da escola e agora do Daniel.
"É bom ser cuidada um pouquinho!"
Olho para cima, como se pudesse falar com Ele.
"O Senhor sabe mesmo o que faz, obrigada!"

No consultório médico, ambos fizemos exames de sangue, o Ronaldo dentro de sua rotina e eu pela "intoxicação".
Por algum motivo, o médico parece estar mais feliz do que o habitual.
"O que será que aconteceu?"
São tantos anos, que praticamente somos como amigos.
— E então, doutor? Que remédio eu tenho que tomar?
Ele ri:
— Nenhum.
— Como nenhum, doutor?
Ele começa a prescrever uma receita:
— Mas vou te dar algumas vitaminas.
"Vitaminas?"
— Doutor, eu não estou me sentindo bem.
Ele me olha sorrindo:
— E vai continuar assim.
— Mas, doutor?
Ele olha para o Ronaldo, sorrindo.
Eu questiono de novo:
— O que está acontecendo?
O Ronaldo ergue as palmas das mãos para o ar, também sem compreensão alguma.
E o médico finalmente solta o inesperado:
— Você está grávida, Osana!
Vejo lágrimas em seus olhos.
— O quê? – eu pergunto.
— Grávida, doutor? – Ronaldo pergunta, boquiaberto.
O médico limpa os olhos e repete emocionado:
— Você está grávida, Osana. Eu não sei como, mas este aqui...
Ele aponta para o crucifixo na parede, mais uma vez.
— Este aqui gosta muito de você, minha amiga.
Começo a chorar e toco a minha barriga:
— Não é possível. Grávida, o senhor tem certeza?
Ele balança a cabeça, em sinal positivo.
Não consigo conter o choro. Olho para o Ronaldo e afirmo:

— Não faltará a Davi descendência alguma, disse o Senhor. Lá vem outro homem: André, varão valoroso, um homem de valor!

— André? – Ronaldo pergunta.

O médico interrompe:

— Você já sabe o sexo outra vez, Osana?

— E o senhor vai duvidar da promessa de Deus?

Ele balança o pescoço para os lados e responde em tom firme:

— Não duvido de nada. Vocês estão na lista dos preferidos do cara aí. Quem sou eu?

Rimos todos.

Eu me sinto atordoada, o enjoo até passa e eu fico tocando a minha barriga, ainda emocionada:

— André...

"Obrigada, meu Deus! O vinho da alegria jamais faltará!"

Dois anos se passam.

Depois que o André nasceu, a nossa alegria ficou completa.

— Já vai trabalhar, amor?

— Estou indo, Osana, só vou dar um beijo nos meninos e já vou sair.

Vejo Ronaldo saindo da cozinha e passando pela sala, agradando ao Daniel e André.

Ele faz cócegas na barriga dos meninos e provoca gargalhadas contagiantes neles, antes de sair.

Até eu rio, mas ainda falo bem alto:

— Deus te abençoe, querido.

Olho para cima e suspiro:

— Obrigada, meu Pai, a doença finalmente acabou.

Apesar do meu marido continuar fazendo exames anualmente, nós finalmente temos uma vida normal.

"A promessa do Senhor: o vinho da alegria jamais faltará!"

E não faltou!

Mais um tempo se passa e meu marido está radiante.
— Parabéns pela aprovação no concurso, amor.
— Obrigado, Osana!
"Ele sempre passou em todos os concursos que fez!"
— Você é obstinado!
"Inteligente!"
— Devo ter aprendido com você.
Dou um sorriso e falo:
— Que bom que você passou no concurso que queria.
Ele sussurra:
— E o médico me dando documento para aposentar por invalidez.
— Tenho orgulho de você, Ronaldo.
— Por quê?
— Muita gente talvez aproveitasse a oportunidade para se aposentar, mas você quis trabalhar, foi uma escolha sua.
Ele não diz nada. Sempre faz tudo parecer tão sublime.
Balanço a cabeça para os lados.
— O que foi, Osana?
— Estou feliz, meu amor, cheia de orgulho e felicidade, só isso.
— Bom, mas você sabe que a primeira vaga foi para uma pessoa com deficiência e eu ainda vou ter que aguardar por mais um tempo até ser convocado.
Dou de ombros:
— E qual o problema em esperar? Importante é que você está curado e nós temos dois filhos lindos.
Ele vem bem em frente a mim e me abraça:
— Obrigado, meu Deus, pela minha mulher. Pela minha família.
Percebo sua emoção e respiro fundo.
"Obrigada, Senhor. Obrigada!"

A vida segue normalmente e eu estou feliz como nunca.
Marido e filhos em casa, vida normal.

André está com dois anos e Daniel com pouco mais de três.

"O que para tantos pode parecer monótono, para nós é a maior bênção de Deus!"

O telefone toca e eu me aproximo para atender:

— Alô?

Reconheço a voz do outro lado.

"É o médico do Ronaldo!"

Meu marido fez os exames de rotina há duas semanas.

— O que foi, doutor?

"Deve ter ligado para falar dos resultados."

Mas ele me questiona sobre outras coisas:

— Osana, o Ronaldo está gripado?

— Não, doutor. Por quê?

— Mas ele esteve gripado esses dias?

— Não.

— Ele teve alguma doença, dor de garganta, inflamação?

— Não.

— Alguma infecção?

— Também não. Mas por quê?

Ele fica mudo.

"Meu Deus do céu, o que está acontecendo?"

Ouço a respiração do médico, mas ele continua quieto.

Meu coração acelera.

— Pelo amor de Deus, doutor, o senhor está me assustando.

— Osana...

— Sim.

Meu coração parece que vai sair pela boca.

— Pede para o Ronaldo voltar e refazer os exames.

— Por quê?

— Temos que averiguar e garantir que ele esteja realmente bem.

Respiro fundo e concordo.

Mas sinto o chão sumir debaixo dos meus pés.

Estamos mais uma vez no hospital, para ver o resultado da bateria de exames que o Ronaldo refez, conforme a solicitação médica.

"Eu mal dormi esses dias todos, meu Deus, me dê forças! Que não seja nada!"

Olho para o Ronaldo, que está sorrindo, como se nada estivesse acontecendo.

"Como ele pode ser tão positivo e otimista, quando a dor acontece no corpo dele?"

Admiro sua força, fé e energia. Sempre otimista.

Balanço a cabeça positivamente.

— O que foi, Osana?

Olho para ele:

— Nada, só estava pensando aqui se o médico ainda vai demorar muito.

O médico entra e sinto que meu coração para de bater.

O ar me falta e fico muda, imóvel, apenas seguindo o seu movimento com os olhos.

Ele se senta e percebo seu semblante sério.

"Ai, meu Deus!"

Ele respira fundo e olha para mim, e depois para o Ronaldo.

"Pelo amor de Deus, fala logo!"

Ele entrelaça as mãos na frente de seu corpo e abaixa o olhar alguns segundos.

"Fala, fala logo!"

— E então, doutor? – Ronaldo pergunta.

O médico nos encara de novo e fixa o olhar no meu marido.

— A doença voltou, Ronaldo, eu sinto muito!

— Mas como assim? – eu falo, quase gritando, assustada.

O médico balança a cabeça para os lados e explica:

— A verdade é que eu nunca tive um paciente que tenha conseguido sobreviver ao reaparecimento dessa doença, por isso eu vou mandar você para o INCA.

— O INCA?

— Sim, o Instituto Nacional do Câncer, lá eles vão saber melhor o que fazer com o caso do Ronaldo.

Eu mal tenho coragem de olhar para o meu marido.

"Me dê forças, meu Deus! Isso não pode estar acontecendo. Eu estou sonhando... é isso."

Belisco meu braço para ter certeza e não me conformo com o choque de realidade do momento.

Ele nos entrega o prontuário e aperta nossas mãos, nos deixando sozinhos na sala.

Eu abraço o meu marido:

— Eu estou com você, meu amor.

Ouço Ronaldo suspirar, dentro do meu abraço:

— Eu sei, Osana. Eu sei...

Ficamos ali um bom tempo, um dentro do abraço do outro.

E dentro do abraço de Deus!

Neste momento, o Daniel está com quatro anos e o André com dois.

É de manhã e estamos prontos para sair.

"Vamos passar o dia no INCA."

— Mas mamãe, aonde vocês vão? Eu quero ir junto.

— Daniel, meu amor, hoje você não pode.

— Eu também quero ir, mamãe.

Eu me abaixo:

— Daniel, hoje vocês vão ficar com a Jô.

"Obrigada pela Jô, meu Deus! O que seria de mim e das crianças sem ela?"

— Mas por quê?

— Seu pai vai ao médico, é chato para crianças ficarem no hospital.

— Mas não tem sanduíche no hospital?

— Tem, mas é demorado.

— Mas mãe...

Olho para a Jô, que está em pé, observando a movimentação.

Ela tem sido a mãe que eu não posso ser, a cada vez que saio para ir ao hospital.

Agora, eu toco a cabeça do Daniel e encaro seus olhinhos:

— Filho, quando a gente voltar, eu prometo que vamos fazer algo juntos, está bom assim?

André dá uns pulinhos na minha frente, bem ao lado do irmão:

— Eu também, mãe. Eu também.

Puxo os meninos contra o meu corpo e abraço os dois de uma vez:
— Vocês são meus amores. Assim que eu voltar, nós vamos fazer alguma coisa juntos. Eu prometo, está bem?
— Êêêê – eles saem gritando e comemorando.
Vejo a Jô dando de ombros e sorrindo amarelo.
Em seguida, ela segue atrás deles.
Eu olho para o Ronaldo e saímos.
"Que Deus nos ajude!"

Já faz horas que estamos no INCA. E apesar de já ter passado muito tempo aqui antes, acompanhando o tratamento do meu pai, me sinto bem mais cansada neste momento.

Estamos na sala da médica, aguardando a doutora voltar com alguma notícia sobre o resultado dos exames de hoje.

"Será o medo de começar tudo de novo?"
— Não faz sentido – acabo falando sozinha e em voz alta.
— O que não faz sentido, Osana? – Ronaldo me questiona.
— Nós estamos o dia inteiro aqui, você fez vários exames, e eu estou aqui pensando nos meninos. Pensando se vai dar tempo de a gente fazer alguma coisa com eles, como eu prometi.
— Calma, Osana. Já, já, a gente vai para casa.
A médica volta para a sala.
Olho seu semblante, séria, mas ela nem olha para a gente direito.
Ela pega o telefone e liga para alguém:
— Prepara o isolamento cinco para o Sr. Ronaldo.
"Oi?"
Ela desliga e olha para a gente, ainda em silêncio.
— Eu não estou entendendo, doutora!
— O Sr. Ronaldo precisa ficar. É grave!
"Deus, misericórdia!"
Eu argumento:
— Mas nós não trouxemos nada.
Ela responde, com certa frieza:

— Não precisa de nada, o INCA fornece tudo o que for necessário e ainda esterilizado, como deve ser.

— Mas hoje? Agora?

Ela respira fundo e não muda o semblante, fala firmemente:

— Ele tem que começar o tratamento hoje.

Tenho as mesmas sensações da primeira vez.

O estômago embrulha, o coração palpita e o ar me falta.

— Ai, meu Deus! – falo baixinho e aperto a mão do Ronaldo.

"Me dê forças para ajudá-lo, Senhor. Por favor!"

Quando fomos ao médico e eu estava prestes a me casar, aquele dia o médico disse que ele tinha que ser internado no dia seguinte.

"A história se repete."

Olho para o Ronaldo, que sorri para mim.

"Como ele consegue, meu Deus? Como?"

Abraço Ronaldo e tento absorver um pouco de sua coragem e resiliência.

— Você não está sozinho, meu amor.

— Eu sei, Osana, eu sei.

Eu volto para casa no dia seguinte, de manhã, após o Ronaldo estar devidamente internado.

Estou destruída por dentro.

Por um momento, me esqueci da promessa que fiz aos meninos antes de sair.

Quando abro a porta de casa, dou de cara com os dois, deitadinhos no sofá.

— Mãe! Mãe! Mãe!

Eles pulam e vem me abraçar.

Sinto uma vontade imensa de chorar e me controlo.

Aproveito o abraço para engolir o choro e secar as lágrimas, antes que eles possam ver meu rosto.

— Cadê o papai? Você não falou que quando voltassem a gente ia fazer algo juntos?

Eu me levanto e falo, forçando um sorriso:

— E vamos! Vocês vão me ajudar com o café da manhã!
Eles gritam:
— Êêê...
Eu sigo para a cozinha e eles vêm atrás.
— Mas cadê o papai?
A pergunta entra em mim como uma faca.
"O que eu digo, meu Deus? Estou tão em choque ainda."
Penso na força do Ronaldo e na sua capacidade de sublimar os piores momentos.
"É isso!"
Eu me abaixo e falo com meus meninos:
— O pai de vocês ficou no hospital e logo eu vou lá ficar com ele, mas, enquanto isso, vamos cozinhar alguma coisa para ele?
Eles fecham as carinhas.
Eu insisto:
— Vai ficar tudo bem. O pai de vocês é forte e alegre. Lembram?
— Mas eu não queria o meu pai no hospital, mamãe, eu queria ele aqui, em casa, com a gente – o André fala, como consegue.
"Tão novinho ainda!"
— Eu também, mãe, quero o papai aqui – Daniel reforça.
Pego nas mãozinhas deles:
— Vocês sabem que quem manda é o Papai do Céu, não sabem?
Eles balançam as cabecinhas.
— Vamos orar para o papai sarar logo.
Eles suspiram e parecem aceitar os meus argumentos.
Eu sorrio:
— E agora, vamos fazer um bolo para ele. O que vocês acham?
— Daniel sai correndo:
— Eu pego a batedeira!
André corre atrás dele:
— Eu pego o açúcar!
E eu apenas rio.
"Obrigada, Senhor, por me dar forças, que nem sei de onde vem!"
Abaixo o queixo e falo baixinho:
— Vem de Ti, Senhor, eu sei.

Ronaldo está internado há oito meses.

— Doutor, o meu marido não tem sintoma nenhum.

— Mas o exame de medula dele deu sinal claro da doença, Osana, eu sinto muito.

— Mas ele faz exame toda semana e sempre dá negativo.

Ele respira fundo e fala com mais calma:

— Mas agora detectou, Osana. Você está com dificuldade de aceitar o retorno da doença, mas câncer é assim mesmo, vai e volta.

Balanço a cabeça para os lados.

"Ele tem razão. Eu não quero aceitar. Mas como aceitar?"

Mudo o assunto, sinto que não consigo absorver tudo o que está acontecendo ainda:

— Ele está deprimido, doutor.

— Infelizmente, isso é normal, Osana, ele está em isolamento.

A assistente social entra na sala e o médico sai.

— Vou deixar vocês a sós, enquanto isso preciso ver outro paciente.

Ela se senta à minha frente e vai logo me explicando como seguiremos de agora em diante:

— Osana, você vem e fica dois dias aqui e depois um dia em casa.

— Dois dias? E meus filhos?

Eu me sinto atordoada.

Ela apenas foca no trabalho dela:

— Dois dias aqui e um dia em casa, Osana. No momento é isso.

— Mas eu tenho duas crianças pequenas.

"Graças a Deus eu moro em cima da casa da minha mãe e tenho a Jô. Uma secretária, que se tornou uma grande amiga. Deus do céu..."

O médico volta e pega o final da conversa com a assistente social.

Ele se senta e reforça:

— Osana, você não pode ir embora.

— Como assim, doutor?

— Quando você vai para casa, o Ronaldo não come, não fala, não abre o olho, não sai da cama, ele não faz nada.

Sinto uma tonelada em meus ombros com a fala dele e reajo:

— Por favor, doutor. O senhor não pode colocar esse peso em mim, eu tenho dois bebês em casa, estão com minha mãe e a empregada, mas não dá.

Ele abaixa a cabeça.

— Eu sinto muito, Osana, mas como médico preciso te dizer. As escolhas são suas.

"Me ajuda, Senhor. Me dá forças para suportar este peso!"

O médico segue falando:

— A depressão do paciente faz a medula "trancar" e, com isso, não produz sangue novo, você entende, Osana?

— Não, doutor, no momento estou com dificuldade de processar as coisas. É muita coisa para a minha cabeça.

— Eu vou falar de forma mais simples.

— Tá.

— Seu marido não pode ficar deprimido.

"Uau!"

Com isso, eu acabo ficando dois ou três dias no hospital e um em casa… e assim sucessivamente.

Sei o quanto tudo isso é difícil para os meus filhos, que apesar de saberem a verdade difícil da condição do pai, quase não choram e me ajudam muito com sua compreensão e amor.

"Graças a Deus!"

Mais oito meses se passam.

Eu estou no hospital, com o Ronaldo, quando vejo uma movimentação das enfermeiras e dos médicos.

— Osana, chegou alguém num estado muito pior do que o Ronaldo.

— Sinto muito.

— Você não está entendendo, Osana.

— O quê?

— Vocês vão ter que ir para casa, para ceder o isolamento para esse novo paciente.

— Mas como assim?

— Procedimento padrão do hospital.

— Mas o Ronaldo está tendo efeitos colaterais absurdos, como eu vou levar meu marido para casa?

A enfermeira dá de ombros, sem saber o que dizer.

"Ela está falando sério, meu Deus. Como eu vou fazer isso?"

Eu tento de novo:

— Os efeitos estão muito piores do que da primeira vez...

Ela sai, em direção ao movimento geral das outras enfermeiras, que correm de um lado ao outro, organizando a chegada do outro paciente.

"Jesus, me socorre!"

Penso na mucosite do meu marido, uma afta do sistema digestivo, que começa na boca e vai até o estômago.

"Coitado do meu marido. E, ainda assim, ele não reclama, mas geme de forma intensa, dolorida."

— Tudo inflamado, meu Deus, tudo – falo sozinha, andando de um lado ao outro.

Felizmente, ele está dormindo e não percebe o que está acontecendo nesse instante.

"Como eu vou fazer? Ele tem diarreia o tempo todo, dor, não consegue comer."

Ele não reclama de nada, mas enlouquece com a dor, geme, grita e se rebate enlouquecidamente.

Estou desesperada.

— Como levar Ronaldo para casa desse jeito?

Eu chego à sala, com o Ronaldo gemendo.

"Oito meses sem voltar para casa e agora ele volta desse jeito?"

O Daniel, ainda pequenininho, corre para receber o pai, mas congela, fica completamente imóvel.

Ronaldo geme:

— Ai, ai...

Daniel está absorto na nova imagem do pai: magro, sem sobrancelha, careca, inchado.

Meu coração se despedaça, imediatamente:

— Oi, meu amor! Papai vai melhorar, viu? Não se preocupe!
Daniel está pálido e com as perninhas tremendo.
"Judiação!"
— Meu filho, papai vai ficar bom. Não se preocupa.
Daniel parece não me ouvir, está assustado e eu não sei o que fazer.
Meu marido depende de mim para dar seus passos e eu não tenho como acolher essa criança.
"O que eu faço, Senhor?"
Jô tenta pegar Daniel no colo, mas ele não aceita seu acolhimento no momento.
Eu me sinto perdida e me contenho, para não começar a chorar agora mesmo.
Daniel, boquiaberto, se afasta, sem tirar os olhos do pai, da figura oposta à que saiu de casa.
— Daniel, está tudo bem, meu amor.
Ele mal olha para mim.
— Ai, ai, ai – Ronaldo geme de novo, dando passos lentos, segurando em mim.
Eu tento remediar, preocupada com a reação do Daniel.
"Ele parece uma pequena estátua assustada, olhando a figura estranha do pai."
Falo com o meu marido:
— Amor, calma, eu sei que você está com dor, mas nós vamos passar por isso juntos.
Daniel sai correndo. Apesar de perceber seu medo, prefiro que ele não continue olhando.
Jô sai atrás dele.
"Obrigada por essa bênção de pessoa na minha vida, meu Deus!"
Balanço a cabeça para os lados.
"O que uma criança de quatro anos sente vendo o pai debilitado assim?"
Sinto vontade de chorar e gritar, mas mantenho o foco. Não é só o Daniel que depende da minha força agora, mas o André e principalmente o meu marido, que não reclama de nada.
"Como pode?"
Apesar das orientações que recebi, eu já sabia aplicar injeção e fazer de tudo, mas dar banho com xilocaína e morfina ainda era algo seminovo na nossa rotina.

"Pobre Ronaldo. Misericórdia, meu Pai!"

Na mesma noite, Ronaldo está na cama, ainda geme de dor.
Daniel mal se aproxima da porta. Com isso, vem o André.
"Será melhor assim?"
Eu me sinto confusa.
"Será melhor assim, meu Deus?"
Ronaldo entrou e foi direto para a cama, nem viu os filhos.
"Como iria ver, com tanta dor?"
Eu tento uma aproximação de todos eles:
— Meninos, papai já tomou os remédios, querem dar boa-noite para ele?
Eles não respondem e saem da sala.
"Estão tão assustados!"
Olho para cima e respiro fundo:
— O Senhor sabe o que faz, mas no momento eu não sou capaz de compreender isso, Senhor, me perdoe!

Eu estou no quarto com o Ronaldo, que acabou de esmurrar a parede, de tanta dor.
"São tantas feridas, Senhor. Põe a mão sobre o meu marido!"
— Mamãe, mamãe – escuto o Daniel me chamando baixinho e bem de longe.
Olho para a porta e vejo que ele está a uns dois metros, me chamando e olhando para baixo.
"Judiação!"
— Já vou, meu amor.
Deixo o Ronaldo, devidamente limpo, trocado e medicado e vou dar atenção aos meus filhos.
Eu me aproximo do Daniel e me abaixo, o abraçando:
— Oi, meu amor, o que você quer?

— Nada – ele só responde e me abraça, querendo colo.

Carrego meu filho e vou com ele até a cozinha. André vem atrás e eu sirvo um pedaço de bolo para ambos, tentando distraí-los e mudar o clima tenso que se instalou em casa.

— Quem quer bolo de chocolate? – pergunto, cantarolando, mas sem resposta audível.

Ambos estão manhosos, amedrontados.

Fico com eles, mesmo que sem muitas falas.

"É de mãe que eles precisam agora!"

Suspiro e fico com meus filhos, até ambos adormecerem em suas camas, com a paz do Senhor.

Alguns dias se passam.

Pela primeira vez, eu fui chamada na escola do Daniel.

Estou na sala da sua professora, sentada em frente a ela.

— Osana, obrigada por ter vindo, tudo bem em casa?

"Como assim?"

— Tudo como dá, né? Você sabe.

Ela me olha séria.

— Aconteceu alguma coisa?

"Como assim?"

Ela balança o pescoço para cima e para baixo.

Questiono:

— O que foi?

— O Daniel está diferente, Osana, achei melhor avisar você.

— Diferente como?

"Um menino que ama a escola."

— Ele tem chorado muito, não fala mais, não interage com as outras crianças.

Começo a chorar.

— Me desculpe, professora.

— Calma, Osana, talvez não seja nada grave.

Caio no choro, copiosamente.

— Me desculpe.

A professora se levanta e tenta me acalmar, indo à minha direção.

— Quer um copo d'água, Osana?

— Não, não precisa. Desculpa.

Eu choro alto e meu rosto está rapidamente todo molhado.

— Como eu posso ajudar, Osana?

— Desculpe.

Eu continuo chorando.

"Eu sei que esse choro não é só pela mudança do Daniel, mas por toda a situação de anos: meu marido doente, meus filhos sem a mãe e agora meus meninos assustados, vendo o sofrimento do pai."

Eu me acalmo um pouco.

Sinto que o choro me fez bem.

"Há tempo não tinha a oportunidade de pôr para fora toda a dor que vivenciamos."

Respiro fundo.

— O Daniel e o André viram o pai no último fim de semana, em casa.

— Ah...

— Ele está magro, careca, sem sobrancelha, gemendo e gritando de dor.

— Sinto muito, Osana.

Eu choro de novo:

— Eu vi o Daniel branco, tremendo, olhando o pai, em estado de choque.

Ela balança a cabeça:

— Agora eu entendi tudo, Osana, conte conosco para ajudar o Daniel nesse momento.

— Obrigada.

O Ronaldo voltou a ser internado no hospital, depois do fim de semana traumático para o Daniel.

Embora o André também tenha vivenciado esses dias, pelo fato de ele ser menor, não ficou tão chocado quanto o irmão.

Suspiro.

"Graças a Deus!"

Estou de saída para visitar o meu marido.
O Daniel vai correndo à minha direção:
— Mamãe, mamãe! Mamãe!
Logo vejo a Jô chegando atrás dele.
— O que foi, Daniel?
Ele agarra minha perna e não solta:
— Não vai, mamãe, não vai. Fica comigo!
Meu coração se quebra nesse exato momento.
Eu e a Jô trocamos um olhar em silêncio, onde nos compreendemos mutuamente.
Contenho o choro.
"Quantas vezes eu já contive o choro? Só o Senhor sabe."
Eu me abaixo e abraço o meu primogênito, a Promessa.
— Oi, meu amor, vem aqui!
Beijo e abraço meu filho, e fico assim um tempinho, para acalmar seu coraçãozinho.
— Fica em casa, mãe.
— Daniel, você sabe que a mamãe tem que ir ajudar o papai.
— Mas mãe...
— Eu vou voltar, filho.
— Mas quando?
— Pensa assim: duas noites que você vai dormir e eu vou estar de volta.
— Mas demora.
"Tenho uma ideia!"
— Confia no Papai do Céu, você nunca vai estar sozinho. Você me ajuda a cuidar do seu irmão, enquanto eu estou com o papai lá no hospital?
Ele sorri um pouco e balança a cabecinha.
A Jô esboça um sorriso.
— Eu conto com você. Eu cuido do papai e você cuida do André, o que você acha?
— Tá bom, mãe.
— Eu te amo, Daniel!
— Eu também te amo, mamãe!
Vejo o André tristinho, apenas olhando a mim e ao Daniel.
De repente, eu tenho mais uma ideia.
— Vem cá, André!

Ele vem, mas todo cabisbaixo.
Chora, vendo o irmão mais velho chorar.
— Que tal vocês desenharem um painel na parede do quintal?
Eles arregalam os olhos:
— Pode, mamãe?
"Fazer o quê?"
Rio por dentro.
"Obrigada pela criatividade, Senhor!"
Dou uns passos na sala e pego uma caixa de giz de cera.
— Venham aqui.
Sigo até o quintal e eles vêm atrás de mim. Assim como a Jô.
Mostro a parede e ponho a caixa no chão.
— Olha só: o que vocês acham de fazer um desenho bem grande e bonito nessa parede, para quando eu voltar?
Eles sorriem, finalmente.
"Graças a Deus!"
— Pode mesmo, mamãe?
— Pode sim. Imagina como o papai vai achar bonito também?
Eles logo escolhem um giz e começam a pintar.
"Se acalmaram, ufa!"
Eu me abaixo e dou um abraço em cada um, mais um beijo.
Eu e eles nos abraçamos uns segundos e depois sigo o meu caminho.
Olho para a Jô com toda gratidão do mundo, e quase transbordo em lágrimas ao olhar seu rosto:
— Obrigada, minha amiga! Obrigada!
— Vai em paz, Osana!
"Me dê forças, Senhor. E cuida dos meus meninos!"
Saio, sem olhar para trás. Isso me ajuda a controlar a vontade de chorar.

— Vó, vovó!
Balanço a cabeça, voltando ao tempo real.
— Aurora...
Suspiro.

"Nossa, como é difícil lembrar disso tudo."
Percebo que me perdi no tempo.
— Vovó! – ela fala, tocando minhas mãos.
— O que foi, meu amor?
— O que o meu pai e o meu tio desenharam?
Eu rio.
"Que bom que ela só guardou a parte boa da história."
— Ah, eles fizeram vários desenhos, a parede era grande e eles fizeram casinhas, o sol, um cachorro, um carro e vários rabiscos.
— Rabiscos?
— Sim, seu Tio André ainda era bem pequenininho, não sabia desenhar direito.
— E meu pai?
— É... também não sabia muito, porque ele só tinha quatro anos.
Ela parece encher o peito e fala, cheia de orgulho:
— Você precisa ver o meu desenho, vó!
— Já está pronto?
— Já!
Ela solta o ar, ainda numa postura esguia:
— Você quer ver?
Respondo, tentando enxergar seu caderno no outro sofá, e vejo que está bem fechado:
— Claro que eu quero ver, meu amor!
— Então se prepara!
— Tá bom!
Eu me remexo no sofá e fecho os olhos.
"Acho que é isso que ela quer!"
Percebo seus movimentos e o som do caderno.
— Pronto, vó, pode abrir os olhos!
Eu abro e me deparo com seu desenho.
Meus olhos se enchem de lágrimas.
— Que lindo, Aurora.
Ela me entrega o caderno na mão e eu coloco sobre meu colo.
Não consigo conter as lágrimas.
— Por que você está chorando, vovó?
— Porque ficou lindo, Aurora.

Toco o seu desenho:
— Esse é o seu avô?
— É...
Tem cinco figuras no desenho.
— E aqui?
— Meu pai e o Tio André!
— E aqui sou eu?
— Sim, né? Você não podia faltar.
Limpo o rosto:
— E aqui em cima, no céu?
— É o Papai do Céu, cuidando de vocês.
"Como ela pode compreender tão bem a vida?"
Abraço Aurora.
Felizmente já enxuguei as lágrimas.
Mas ela ainda me questiona:
— Vó, o terceiro nó é o Tio André?
Balanço a cabeça com um largo sorriso:
— Exatamente.
— Eu sabia...
Ela fala, como se tivesse adivinhado uma charada.
— Como você sabia?
— Porque o que você chama de nós são a sua família.
— Ahhhhh, mas o quarto nó não é uma pessoa.
Ela arregala os olhinhos, com as mãozinhas na cintura:
— Não?
Balanço o pescoço para os lados:
— Não!
Ela fica imóvel, olhando para mim. Pergunto:
— Quer saber o que é?
— Sim!
Então vamos fazer o quarto nó!
Ela pega as linhas e se prepara para seguir meus movimentos.
— Vovó?
— Sim?
— O terceiro nó doeu?
"Como pode, Senhor?"

— Um pouco, Aurora.
— Por causa do primeiro nó, né?
Chacoalho a cabeça lentamente para os lados.
"Como ela pode compreender tão bem as coisas?"
Ela olha para mim:
— Eu sei, vó. Você amava meu avô, por isso, você cuidou dele.
Respiro fundo, com um sentimento de gratidão enorme dentro de mim.
— Você é um presente de Deus, Aurora!
Ela sorri e segue os movimentos com os fios.
"Obrigada, meu Deus! Obrigada!"

CAPÍTULO 4

O QUARTO NÓ: O MACRAMÊ!

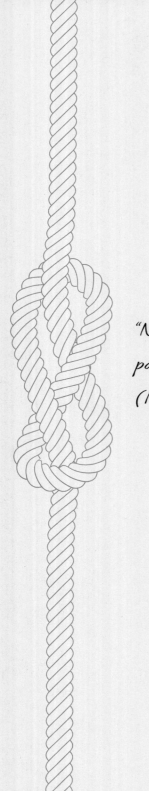

"Ninguém ainda sabe, se tudo apenas vive para morrer, ou se morre para renascer."
(Marguerite Yourcenar)

O que vem depois da abnegação? Existe luz no fim do túnel, para alguém que abre mão de si mesma e vive para outrem, durante a maior parte da vida? O que acontece quando o motivo de sua abnegação vai embora? O que se faz com o tempo que sobra? As lembranças de tudo que se viveu? E mais: o que fazer com as memórias do que não teve tempo de se concretizar?

Nem todo mundo é capaz de compreender como é a vida de uma pessoa que vive em função do amor, do altruísmo e do desapego de si mesma. O ritmo é outro, as razões, motivações e até as satisfações são diferentes. Toda a compensação é o amor! Além da consciência tranquila de quem fez tudo o que podia, mesmo sabendo que esse "tudo" nunca seria o bastante.

Eu não me arrependo do que fiz. E nem de tudo o que deixei de fazer. Tive uma vida diferente, com sofrimentos e perdas, eu sei. Mas Deus cumpriu sua promessa: o vinho da alegria jamais faltou. E nem a minha descendência!

Se um dia, ainda jovem, ouvi que ficaria viúva em poucos meses, o milagre de Deus me provou o contrário. Tive a oportunidade de construir uma família, com uma união que muitos que vivem de forma mais leve desconhecem. A dor machuca, mas ela também une! Na compaixão, no amor e na fé em Nosso Pai!

O dia mais temido da minha vida chegou. Eu o temi por anos e anos, dia após dia, e sempre agradeci por cada dia que esse momento não chegava. Mesmo na iminência da morte, a esperança nunca me faltou. Cada dia a mais era um presente para mim. E assim para meus filhos!

Porém, nada é para sempre, exceto o que fica dentro de nós.

O tempo de estadia do Ronaldo neste mundo chegou ao fim, mas não o nosso amor por ele, nem nossa história e as experiências que tivemos juntos, durante sua existência.

Sua partida foi uma dor tão grande, que só pude suportar devido aos meus filhos, que com seu amor me davam forças para seguir em frente e enfrentar o vazio que ficou. Sobrou tempo, espaço e dias a serem vividos, que me levavam a questionar:

— E agora, meu Deus? O que eu vou fazer da minha vida?

Se a maior parte da minha trajetória tinha sido cuidar de outra pessoa, de quem eu cuidaria agora? Como preencher tamanha falta?

Não foi um processo fácil e a saudade é algo que eu vivo até este exato instante e sempre irei viver, não importa quanto tempo passe. A saudade sempre estará em mim, viva e latente, como a promessa do Senhor: "O vinho da alegria jamais faltará!"

— Mas de que forma, Senhor? De onde eu vou tirar alegria agora? Como? De quem eu vou cuidar?

A resposta veio, e embora chegasse clara, eu ainda não sabia como fazer isso, pois jamais o havia feito em toda a minha vida.

— De quem eu vou cuidar, Senhor?

Ouvi em minha mente, firme, doce e claro:

"De você, minha filha! De você!"

— Vó, vovó!

Aurora pega minhas mãos e dá uns pulinhos bem à minha frente.

Eu rio.

"Não consigo me conter, diante desse serzinho tão doce e feliz."

— Fala, Aurora! O que foi?

— O que é o quarto nó?

Balanço a cabeça para cima e para baixo, tocando suas mãozinhas, que completaram o quarto nó direitinho.

— Ah, você está seguindo bem a história, muito bem. Você não adivinha?

Ela faz um beicinho lindo, demonstrando que não tem ideia.

— Quer uma dica?

— Quero!

— Hum... não é uma pessoa!

— Mas isso você já falou!

Caio no riso.

"É esperta demais!"

— Tá. É algo que eu gosto. E você também!
Ela cruza os bracinhos:
— Ah, vó...
— O que foi, Aurora?
Ela põe as mãozinhas na cintura:
— Tem mil coisas que eu gosto e você também.
"Não acredito!"
— Como o quê?
— Bolo de laranja, chocolate, bichinhos, desenhar, pintar, assistir desenho, brincar...
"Uau! Ela quase acertou!"
— Eu tenho certeza de que você vai adivinhar enquanto eu continuo contando a história.
— Hum.
Tento instigá-la:
— Você já fez o quarto nó, quer que eu continue ou não?
— Quero. Mas antes eu vou pegar mais bolo.
Eu rio:
— Tá bom, Aurora!
Vejo minha neta correr até a cozinha e logo voltar com o pratinho com mais um pedaço de bolo de laranja.
"Até nisso somos parecidas."
Ela se senta à minha frente e fala de boca cheia:
— Vai, vovó. O quarto nó!
Dou uma gargalhada daquelas e balanço a cabeça para os lados.
"Onde é que eu estava mesmo?"

O segundo tratamento durou mais de três anos e toda vez que alguém precisava do leito, Ronaldo tinha alta no final de semana. No fim desse período, ele fazia quimioterapia e depois dormia em casa.

Estamos no quarto, nos preparando para sair, e vejo que meu marido está se olhando no espelho, passando a mão em sua cabeça totalmente calva.

— O que foi, amor?

Ele dá um sorriso amarelo:

— Tô aqui, admirando a minha careca.

"Ele sempre sublimando as coisas."

De repente, tenho uma ideia:

— Ronaldo, por que você não vê a sua aparência como algo da moda?

— Da moda, Osana?

— É..., igual o Ronaldo, o Fenômeno, que está com o cabelo parecido com o seu.

Ele sorri, tocando a careca de outra maneira:

— Verdade... ele está com esse visual agora, na Copa do Mundo.

Eu rio.

"Aprendi a sublimar as dores e dificuldades com você e você nem sabe!"

— Tá lindo, amor! Tá na moda!

Ele repete, mais animado, e toca a cabeça, outra vez:

— Tá na moda!

Acho que se convenceu. E eu fico feliz por ele.

"Pelo menos ele não lembrou que está sem sobrancelhas."

Abraço Ronaldo por trás e pergunto, o encarando pelo espelho:

— Pronto para mais um dia de trabalho?

— Falou certo, é só um dia de trabalho. Um por semana.

Viro seu corpo de frente para o meu:

— E está muito bom, você nem precisaria trabalhar, se não quisesse.

Ele sussurra:

— Mas eu quero!

— Eu sei, amor. Eu sei! Nem a faculdade você parou.

Ronaldo balança a cabeça:

— É... fazendo uma matéria de cada vez, demorou um pouquinho mais.

Rimos.

— Tenho orgulho de você.

— Por quê?

— Você nunca fala da doença para se beneficiar de nada. Segue os trâmites do que for, do jeito que tem de ser.

Respiro profundamente.

"Às vezes, até acho que finge que não tem doença alguma."

Fico quieta.

Meu marido é funcionário público do TRE, Tribunal Regional Eleitoral, nesse momento. Quando não é ano eleitoral, trabalha de plantão.

Interrompo meu pensamento:

— Vamos?

Ele sorri, lindamente:

— Vamos!

Conforme o tempo passa e meu marido melhora, ele trabalha mais dias por semana e uma hora a mais diariamente, para folgar na sexta e ir para o hospital.

E, com essa melhora, os meses começam a ficar mais calmos. E logo os meses viram anos e nossa vida começa a parecer normal novamente.

Os melhores anos de nossas vidas!

— Vó! Vovó!

Percebo minha neta me cutucando e não consigo deixar de rir.

Ela me faz viajar no tempo e voltar ao momento atual em questão de milésimos de segundos.

— O que foi, amorzinho?

— Você achou mesmo meu avô bonito quando ficou careca?

— Ah... até achei, mas sem sobrancelhas ficava meio esquisito.

— Hum.

— Mas eu nunca disse nada a ele.

— Por quê?

Penso um instante:

— O que você acha?

— Para não deixar o meu avô triste?

— Isso. Quando a gente ama alguém, quer que essa pessoa veja o melhor nela mesma.

— Ela entorta o pescocinho.

"Será que me entendeu?"

— Vou dizer para o meu pai que eu acho ele bonito também.

Caio na risada:

— Você acha seu pai bonito, Aurora?

— Eu acho ele lindo!
— Eu também.
Agora, ela simplesmente levanta o queixinho para cima, como quem sinaliza para eu voltar ao assunto anterior.
"Eu não acredito!"
Mas obedeço.
Filtrando o máximo que posso.

Eu e o Ronaldo estamos em consulta, mais uma vez. Hoje com outra médica.
Bateria de exames é algo que se tornou praxe em nossas vidas e já nos acostumamos com isso.
A médica analisa os resultados por um bom tempo. E antes que eu me desespere, mais uma vez, lembro que também aprendi a suportar esses momentos.
Encho o peito e solto devagar.
"Já foram tantos!"
Olho para o Ronaldo, que dá um leve sorriso e pisca para mim.
"Como ele consegue?"
Não me contenho.
— E então, doutora? Como estão os resultados?
Ela me olha, séria:
— Eu sinto muito, Osana. Sinto muito, Ronaldo.
Meu coração dispara.
Eu me pego boquiaberta, olhando para ela, calada.
— Você está doente outra vez.
Minha respiração para, e eu me engasgo com a falta de ar.
Faço um barulho alto, para voltar a respirar. Meu marido bate nas minhas costas:
— Calma, Osana, vai dar tudo certo.
— Como vai dar tudo certo?
Olho para a médica:
— Doutora? É isso mesmo? Cinco anos depois, a doença está de volta?

Ela balança o pescoço para baixo, lentamente, confirmando minha fala:
— Pelos registros do seu Ronaldo, dá para perceber que a doença volta a cada cinco anos, eu sinto muito.
— Eu não acredito.
Ronaldo tenta me acalmar:
— Calma, meu amor!
"Como ele pode estar mais calmo do que eu?"
— E agora, doutora? O que a gente faz?
Ela pigarreia um pouco e se senta mais à frente na cadeira, se aproximando do meu marido:
— Você vai ter que fazer um transplante de medula, Ronaldo.
— Oi?
— Transplante, doutora? – ele se manifesta pela primeira vez.
Eu e o Ronaldo nos entreolhamos.
Balanço a cabeça para os lados, lentamente, tentando assimilar a informação.
Fico em silêncio, aguardando que a médica possa dizer algo que me traga compreensão.
Ela encara o Ronaldo:
— Você já fez dois tratamentos, Ronaldo.
Ela faz uma pausa, como se fôssemos capazes de compreender o que ela quis dizer.
O silêncio impera, então ela prossegue:
— Seu organismo não aguenta outro tratamento. Você teve hepatite e outras sequelas comuns da quimioterapia.
Continuamos mudos.
— Com isso, a melhor opção que você tem agora é o transplante.
"Deus do céu!"
Eu aperto a mão do meu marido, tentando demonstrar um ponto de apoio para ele, quando na verdade eu estou precisando de um.
Apertamos mais uma vez a mão um do outro. Eu e ele nos abraçamos e ficamos assim uns segundos, até que a médica retoma suas explicações.
Ouço tudo, em oração, e absorvo o que posso, que não é muito. Estou atordoada.
Ronaldo pergunta:
— Como é um transplante de medula, doutora?

— Basicamente é uma transfusão de sangue, que deve ser compatível com o seu.
— Hum.
Ela o olha, tentando alguma esperança:
— Você acha que tem familiares que doariam o sangue da medula para você?
— Sim, claro.
"Ronaldo tem adoração pela família dele."
— Ótimo, peça para seus familiares virem fazer o exame de compatibilidade aqui no hospital.
— Sim, senhora.
Olho para cima.
"Mais um milagre, Senhor! Por favor!"

Estamos no hospital, na preparação para o transplante de medula. Felizmente a irmã mais nova do Ronaldo se mostrou compatível.
"Obrigada, meu Deus!"
Estamos no terceiro dia de internação, numa área de isolamento.
Ronaldo está passando muito mal.
Eu abordo a enfermeira:
— Ele não para de gemer e vomitar, não dá para fazer uma pausa na quimioterapia só um pouco?
— Não, senhora, são sete dias, vinte e quatro horas por dia.
— Mas ele vai morrer desse jeito – eu insisto.
— Não, senhora. Ele vai morrer se não aproveitar essa chance.
"Ai, meu Deus do céu!"
Olho para o meu marido, que continua gemendo:
— Ai, ai, ai... Socorro, Osana, socorro.
Pego em sua mão e tento dar uma força, que nem tenho:
— Vai valer a pena, Ronaldo, foi um milagre sua irmã ser compatível com você.
— Ai, ai, ai.
— Força, meu amor! Você vai vencer mais essa etapa.

— Eu não estou aguentando, Osana.

Ele vomita outra vez e eu o ajudo a se recompor.

"É horrível isso aqui, um absurdo, não tem nada de romântico como na TV."

— Osana, Osana.

Aperto sua mão:

— Oi, meu amor!

— Ainda tem quantos dias?

— Quatro, Ronaldo.

— E tem quimioterapia todo dia?

Apenas movo a cabeça, lentamente, confirmando sua pergunta.

Ele questiona, em tom de quem não acredita:

— E duas sessões de radioterapia, de uma hora, todo dia?

Movo o queixo para baixo, sem coragem de afirmar com veemência.

— Será que eu consigo?

— Claro que sim, Ronaldo. Deus tem feito milagres na sua vida há anos. Você vai conseguir!

Aperto sua mão:

— Você não está sozinho!

— Obrigado! Ai, ai, ai...

Ele vomita outra vez.

A semana de preparação foi um horror, mas passou.

Vejo duas bolsinhas de sangue de medula e pergunto à enfermeira:

— Por que duas?

— Seu marido é grande, Osana.

— Hum.

Olho para ele, pálido e sem vida.

— Como vai ser daqui para frente?

Ela olha para mim, tentando esboçar otimismo:

— Agora que ele vai estar de medula nova, fica três meses esperando ela pegar.

— O que isso significa?

— Seu sangue muda. Antes era O positivo, certo?
Assinto e ela segue falando:
— Agora passa a ser outro, o que recebeu: A positivo.
Fico olhando para ela, esperando mais informações, pois por mais que tenha ouvido as explicações dos médicos, recebo tantas novidades que minha cabeça não consegue assimilar tudo de uma vez. E já me acostumei a entender na prática o passo a passo dessa luta.
Fico encarando a enfermeira, em sinal de que espero que ela me fale mais do assunto, por isso, ela dá sequência:
— O corpo dele eliminou o próprio sangue através da quimio e da radioterapia, agora o corpo tem que se adaptar ao sangue recebido.
— Coitado – solto, sem pensar.
Ela toca meu ombro e aperta:
— Vocês vão conseguir, você vai ver!
E agora ela sai.
Penso no *workshop* que eu fiz, antes de iniciar a troca de medula. Aprendi a ficar no isolamento, não pôr a mão no paciente, vestir roupa de médico, luva, máscara, monitorar aparelhos e tudo mais.
"Mas eu não esperava que fosse tão difícil."
Conheci muita gente que também fez o curso, mas não suportou ficar aqui nem dois dias.
Volto a me aproximar do Ronaldo e tento encorajá-lo:
— Vai dar tudo certo, meu amor! Eu estou com você!
Ele responde:
— E Deus está conosco!

Três meses se passaram. A medula pegou.
"Graças a Deus!"
Daniel está com onze anos, André com nove.
Eu estou em casa conversando com a Jô, num dos raros momentos em que volto para casa.
— Cuida dos meus meninos, Jô, dos meus amores.
— Você sabe que eu cuido, Osana, como se fossem meus.

Balanço o pescoço para baixo, ao mesmo tempo que lágrimas rolam pelo meu rosto. Falo com a voz embargada:

— Eu sei, eu sei. Eu não sei o que seria dos meninos sem você, Jô. Obrigada.

Eu a abraço, tentando passar a ela toda a gratidão que sinto.

Solto e limpo sua bochecha.

Ela tenta me consolar:

— Vai ficar tudo bem, Osana, vai dar certo outra vez, Ronaldo é forte, vai conseguir.

— Obrigada, minha amiga, obrigada.

— Qual o motivo desse choro?

— E precisa de motivo, Jô?

— Não precisa, mas quando você chora é porque aconteceu alguma coisa a mais.

"Ela já me conhece bem."

Suspiro e confesso:

— Os meninos queriam visitar o pai, mas não pode.

— É, eu entendo, Ronaldo sempre colocava os meninos no colo e explicava: "papai tem leucemia". Eu acho que eles entendem, mas para a saudade não tem explicação que dê jeito.

— Eu vou ter que ir para um hotel com o Ronaldo, Jô.

— Hotel? Por quê?

— Para evitar contaminação nessa primeira fase, é tudo muito delicado e perigoso. Perto do hospital tem dois andares de um hotel reservado para os pacientes, com tudo preparado para quem passa por isso.

— Agora entendi seu choro.

Movimento o pescoço, espremendo os lábios:

— Ele recebeu o que eles chamam de "alta", mas das sete horas da manhã até as sete da noite ele recebe um antídoto para o sangue novo não dar problema.

— Complicado tudo isso aí.

— É... complicado parece uma boa palavra.

A vida segue por um bom tempo desta maneira: remédios o dia inteiro, eu no hotel com meu marido, sendo quatro dias assim, intercalando com um em casa.

"Seis meses num hotel, Senhor!"

— Me dê forças! Forças para cuidar de todos eles!

OS NÓS DA MINHA VIDA

Eu estou em casa, colocando algumas marmitas sobre a mesa e falando com meus filhos.

— Você vai trabalhar, mamãe?

— É, agora mamãe não pode mais ficar sem trabalhar. Eu esgotei toda minha licença.

A Jô acrescenta:

— Sorte sua a diretora ter ajeitado todas as suas aulas num dia só, para você poder continuar trabalhando.

Chacoalho a cabeça:

— Eu não sei nem como eu dou conta, Jô.

— Se você quer saber, nem eu!

— Bom, agora eu vou levar os meninos para a aula de inglês e depois ao futebol.

Olho para eles, arrumando as mochilas, e prontos para sair comigo.

— Tá vendo, Osana?

— O que, Jô?

— Tudo isso que você faz.

— É graças a Deus, eu tenho conseguido. Quem me sustenta não tira licença.

Jô aponta para as marmitas:

— E essas marmitas?

Balanço a cabeça para os lados:

— A médica disse que o Ronaldo não quer a comida que o hospital faz, que ele só quer comer se for a minha comida.

— Benzadeus, Osana.

— Então, a partir de amanhã, eu vou começar a levantar às três e meia da manhã para cozinhar, assim eu levo a minha comida para ele.

Jô fica boquiaberta, me olhando.

— O que foi, Jô?

— Não é demais, não, o médico falar para você fazer isso?

Eu sorrio:

— Como você diz, Jô, "é melhor ouvir isso do que ser surda!"

Rimos.

Pego algumas sacolas e me preparo para sair, os meninos já estão na porta, batendo papo.

— E esta sacola de roupas aqui, Osana?
— Essa é para lavar, são todas as roupas de algodão do Ronaldo. Você sabe, tudo especial. E lava tudo separado, por favor.
Paro e olho para a Jô:
— Obrigada, Jô!
— Nada!
Saio.

Ronaldo finalmente recebe alta do hotel para ir para casa.
Recebo as orientações do médico:
— A senhora tem que limpar o quarto do seu marido duas vezes ao dia, com cloro. A roupa de cama e o pijama tem que lavar todo dia, igual de neném, e tem que ser tudo de algodão.
— Sim, senhor, doutor.
Ele reforça:
— Com o transplante, zera a imunidade.
Assinto. Ele fala ainda mais:
— Seu marido vai ter que tomar todas as vacinas de novo.
— Vacina, doutor?
— Sim, o organismo dele agora é igual ao de um bebê e vai passar por todas as vacinas, como se fosse um recém-nascido mesmo.
"Deus do céu!"
Saímos do hospital, agradecidos por mais uma etapa.
— Você é um novo homem, Ronaldo!
— Obrigado, Osana!
Ele me abraça e saímos de mãos dadas, como quem sai para a vida, pela primeira vez.

Depois desse momento, Ronaldo volta a trabalhar e vivemos uma vida normal. Ele assumiu um cargo de chefia no TRE, e são muitos anos assim.

Mas eu sempre sinto a presença de uma nuvenzinha sobre a minha cabeça.
"Acho que minha vida inteira eu vivi com essa nuvenzinha."
Falo com Ele:
— Eu perdi a inocência, meu Deus! Não consigo mais acreditar que é para sempre.
Suspiro.
"Câncer não tem cura, só sobrevida."
Chamo meu marido, que está comendo na cozinha.
"Ô homem para gostar de comer!"
— Vamos, Ronaldo!
É dia de fazer mais um controle com bateria de exames.
Ronaldo vem todo feliz e me abraça:
— Vamos, meu amor! Vamos!
"Obrigada, meu Deus!"

Eu, Ronaldo, Daniel e André estamos curtindo um dia lindo na nossa nova casa, na região serrana.
"Frio, frio, frio..."
É o primeiro fim de semana da nossa família aqui, como proprietários. Saímos para dar um passeio pelo condomínio.
— Nossa, mãe, que lugar lindo!
— Não é, Daniel?
O André fala alto:
— Eu não acredito, tem um salão de jogos com mesa de sinuca?
Eu rio:
— Tem! Para vocês aprenderem a jogar com seu pai!
Ronaldo me aperta na cintura, como se aprovasse o que acabei de dizer.
— E vocês vão perder hoje ou não? – ele provoca.
— Ah, pai... já começou?
"Homens... não resistem a uma competição!"
Eu me sento numa cadeira e fico olhando eles pegarem os tacos e posicionarem as bolas coloridas sobre a mesa.
"Obrigada, meu Deus! Quanta alegria o Senhor nos deu!"

Fico um tempo apenas assistindo à vida e à maior felicidade que poderia possuir: a minha família!

Eles jogam, brincam, conversam e riem.

O tempo passa e eu faço uma sugestão:

— Meninos! Eu vou para casa acender a lareira e fazer nosso *fondue*, enquanto vocês terminam de jogar, o que acham?

Daniel é o primeiro a responder:

— Eu acho ótimo! Estou com fome só de pensar no *fondue*!

— Eu trouxe de queijo e de chocolate.

André para de jogar:

— De chocolate também?

— Claro, ué!

Ronaldo deixa o taco sobre a mesa:

— Então eu ganhei!

Os meninos se viram para ele já rindo:

— Ganhou nada, a gente não terminou!

— Vocês estão desistindo, aproveitando a desculpa da fome para não passar vergonha.

Risos.

Eu balanço a cabeça e sigo para casa. Eles voltam a jogar.

Nós estamos na sala, sentados sobre o tapete, com cobertores e em volta de uma mesa.

— E essa lareira, hein, mãe? Que coisa mais linda!

— Não é, Daniel?

— Dá vontade de morar aqui!

Como um pedaço de pão com queijo derretido.

"Ai, que delícia estar aqui. Está tudo tão perfeito..."

Ronaldo come um pedaço e pisca para mim:

— Obrigada, Osana!

— Pelo quê?

— Por tudo!

Ele me dá um beijo e segura minha mão.

André faz uma sugestão:
— Vamos jogar dominó?
— Para quê? Vocês vão perder de novo.
Dou um beliscão no Ronaldo:
— Mas como você provoca...
— Mas eles perdem, Osana.
Logo, eles começam uma autoprovocação sem fim.
André põe o jogo sobre a mesa e ficamos ali, comendo, bebendo, rindo a noite inteira.
"Se isso não é amor, eu não sei o que é... obrigada, meu Deus!"
Olho para eles e ao redor da nossa sala, sentindo o friozinho gostoso:
— O vinho da alegria jamais faltará!
Eles não ouvem e eu permaneço em estado de gratidão e amor.

Eu estou no altar da igreja, junto com outros padrinhos, esperando a noiva entrar.
"Ai, meu Deus! Ai, meu Deus! Por que eu me sinto tão nervosa?"
Estalo os dedos das mãos, um a um, com o dedão e depois o pescoço.
É uma mistura de emoção e medo ao mesmo tempo.
Fecho os olhos e respiro fundo.
"Você bem que poderia estar aqui, Ronaldo. Você ficaria tão orgulhoso."
A marcha nupcial começa a tocar. Abro os olhos:
— Ai, meu Deus! Cadê ela?
Todos se levantam. Eu fico olhando para a porta da igreja e finalmente vejo eles entrando: a Jô e o Daniel.
— Que emoção, meu Deus! Que emoção!
Daniel de braço dado com a nossa grande amiga, com seu noivo visivelmente emocionado ao meu lado.
Eles dão passos lentos, aos poucos se aproximando do altar.
Retiro um lenço do bolso e enxugo algumas lágrimas.
Sussurro:
— Que coisa mais linda!
Olho para a Jô e espero que ela possa ler meus lábios, mesmo de longe:

— Você está linda, Jô!
Ela tem os olhos marejados, mas sorri como nunca.
Olho para o meu filho e sinto orgulho desse momento.
"Ela, que me ajudou a criar meus filhos. Sua segunda mãe."
Choro alto, sem querer:
— Ai...
Limpo os olhos, contendo a vontade de chorar ainda mais.
"Agora levada pelo meu filho mais velho até o altar!"
— Obrigada, meu Deus, obrigada! Que o vinho da alegria jamais falte para a Jô! Jamais!
Eles chegam até o altar e eu estou aos prantos. Eles olham para mim e sorriem.

Faz dez anos que Ronaldo tem um sangue novo e uma vida, para todos os efeitos, normal e feliz.
Estamos em casa, quando ele vem reclamar de algo bobo:
— Tem uma afta me incomodando, Osana!
— Afta? Deixa eu ver!
Ele abre a boca e vejo seus dentes mais baixos do que o normal.
— Ronaldo?
— O que foi, Osana?
— Eu acho que seus dentes estão mais baixos, estão diferentes, não eram assim. Você não sente nada nos dentes?
— Ele toca a boca por fora, na bochecha, testando todos os dentes, um a um:
— Não, não sinto nada. Só essa afta chata.
— Amor, vai naquele seu amigo dentista e vê isso aí.
— Tá bom, não deve ser nada, é impressão sua.
"Deus te ouça!"
— Seus dentes parecem afundados, Ronaldo!
No mesmo dia, mais tarde, o dentista me liga:
— Osana, isso aí não é afta, não. Tá estranho!
"Ai, meu Deus do céu!"

Meu coração palpita.

Penso na orientação que recebi no Inca anos antes, logo depois do transplante. Ouço em alto e bom tom, dentro da minha cabeça: "Encravou unha? Volta aqui! Tersol? Volta para cá! Não pode ir em qualquer médico! Aconteça o mínimo que for, traga ele pra cá."

Meu marido toca meus ombros e faz graça:

— Osana, eu peguei até dengue, quase morri. Não é uma afta que vai me derrubar.

"É mesmo, até dengue esse homem pegou e sobreviveu! E eu, que também peguei, mas tive que sarar logo, para cuidar dele?"

— Você é a prova viva dos milagres de Deus, Ronaldo!

Ele me olha, sorrindo:

— Não sou?

Ele vai andando na minha direção, todo feliz.

— E se eu sou um milagre, é porque eu tenho você, Osana!

Estamos no Inca, mais uma vez, com um médico, que viu novos exames do Ronaldo e examinou a sua afta.

Logo ele fala:

— Seu Ronaldo, da leucemia o senhor não tem nada, não.

— Graças a Deus.

O médico me olha, sério:

— Mas isso que ele tem na boca não é afta também, não. Vou encaminhar vocês para o setor de odontologia do Inca.

— O senhor sabe o que ele tem, doutor?

Ele solta o ar, fazendo barulho, olha para baixo e depois levanta as sobrancelhas.

"Ai, meu Deus!"

Ele fala:

— O que ele tem é um carcinoma maligno, tem que operar e tirar o pedaço da língua onde o câncer se encontra.

— Outro câncer, doutor? É isso?

Ele balança a cabeça, confirmando.

— Provavelmente devido à quantidade de quimioterapia e radioterapia à qual o senhor foi submetido ao longo de todos os tratamentos, algumas células acabaram desenvolvendo essa mutação. Não conseguimos saber ao certo. O importante é que temos que remover esse carcinoma o quanto antes.

Aperto a mão do Ronaldo.

"Mais essa, Senhor?"

Lembro que o setor de oncologia é o mesmo onde meu pai foi tratado dentro do Inca, um dos piores lugares de todos, cheio de pacientes com deformidades.

Seguro o choro.

"Primeiro o meu pai, meu Deus! Agora meu marido?"

Eu me viro para o Ronaldo:

— Vai dar tudo certo, viu, meu amor!

"Será que vai?"

Meu marido está prestes a ser operado.

Eu estou na sala de endoscopia, onde Ronaldo está sedado, e o médico me mostra a extensão da doença:

— Está vendo, Osana?

Ponho a mão na boca e ao mesmo tempo confirmo:

— Estou vendo, doutor!

— Ele está com metástase em todo o caminho do esôfago.

Eu me sinto tonta.

"Acabou, Senhor? É isso?"

Caio no chão, confusa, atordoada, sem conseguir concluir um pensamento direito.

— Você está bem, Osana? Você está bem?

Eu falo, ainda do chão:

— Não fala nada para ele, doutor, não fala nada para ele, pelo amor de Deus!

— Como assim, Osana?

— Esse homem é movido pela esperança! Ele sempre acha que tudo vai dar certo, ele acredita que ainda vai ficar bom.

— Mas não vai, Osana, não vai.
Eu choro e reforço, aos prantos:
— Não fala nada para ele, doutor, pelo amor de Deus! Não fala nada para ele! Por favor! Por favor!
Limpo o rosto e falo mais alto:
— Ele tem esperança, doutor! Ele tem esperança!
Choro copiosamente. Uma enfermeira se aproxima:
— Osana...
Eu falo para ela, enquanto o médico continua o exame e ainda me ouve:
— Ele combinou com os filhos que depois que tirasse a língua ia aprender a linguagem dos sinais, para se comunicar com eles.
— Eu sinto muito – a enfermeira diz, tocando meu ombro.
Eu não consigo interromper meu desabafo e sigo chorando:
— Ele disse que ia continuar trabalhando, que não teria problema nenhum viver sem língua, tanto que começou a estudar marcenaria. Ele falava, contente, que ia ser marceneiro, chegou a fazer uma mesa para o Daniel, de dois metros.
Vejo lágrimas nos olhos da enfermeira.
Ela estende a mão, para me ajudar a levantar:
— Vem, Osana!
Eu me levanto.
O médico muda sua decisão:
— Osana, eu vou levar seu marido para o centro cirúrgico. Vamos tirar tudo o que for possível, para dar uma sobrevida digna para ele. Mas saiba, isso aqui está realmente difícil. É uma sobrevida apenas.
— Obrigada, doutor, por não tirar a esperança dele.
Meu marido segue para a cirurgia, que dura doze horas.
Ao final, o médico me diz:
— Eu tirei tudo o que pude tirar, Osana, mas não tem mais jeito. Eu sinto muito.
Ronaldo permanece internado dois dias e, quando ele recebe alta, eu questiono a enfermeira:
— Ele vai para casa como, com essa costura?
— Vamos à sala de curativo, que a senhora vai aprender!
"Eu não acredito!"
Sigo com ela e penso que já estou me tornando especialista em enfermagem.

Suspiro.

"Ou bem mais do que isso!"

Como se não fosse o bastante, antes de eu ir embora, o médico se despede:

— Vou encaminhá-los para o setor de doentes terminais do Inca, Osana, não tem mais nada para você fazer aqui.

— O que isso quer dizer?

— O Inca vai para a sua casa, a partir de agora.

"Mentira! Eles estão abandonando a gente!"

Fico atordoada imediatamente.

— Vocês não vão mais cuidar da gente, doutor? É isso? Acabou?

— Calma, Osana, eles vão à sua casa regularmente, você não vai ficar sozinha.

Começo a chorar e não consigo acreditar que vou mesmo receber essa ajuda.

"É papo de médico, para se livrar do problema. Sou eu e eu daqui em diante!"

— Obrigada, doutor!

Lágrimas caem no meu rosto e eu não consigo dizer mais nada.

"Acabou!"

Eu estou em casa e, felizmente, ao contrário do que pensei, profissionais do Inca nos visitam diariamente.

"Graças a Deus! Não fomos abandonados!"

Mas eu ainda faço os curativos todos os dias e todos temos que suportar o cheiro que vem do carcinoma em seu corpo.

Estou com os profissionais na sala:

— A traqueostomia, uma cânula inserida no pescoço com o objetivo de facilitar a chegada de ar até os pulmões, entope com o sangue endurecido o tempo todo.

— É assim mesmo, Osana. Sinto muito.

— A cicatriz da cirurgia não fecha, só vai abrindo cada vez mais, está tudo inflamado, tem metástase até na pele dele.

— Sinto muito.

Prossigo:

— Quando eu dou banho nele, eu tranco a porta do quarto, para não ter perigo de ninguém ver, mas é medonho, é horrível fazer o curativo.

"Parece meu pai quando morreu, com feridas por todo canto, que vão abrindo e comendo a pele. Por Deus do céu!"

— É assim mesmo, Osana, sinto muito, mas não há o que fazer mais.

— Mas os buracos em volta do pescoço?

Eles não respondem.

— Quando eu vou trocar o curativo, sai algo como um leite, com um cheiro insuportável.

Eles continuam em silêncio e agora eu fico muda, olhando para eles. Suspiro e tomo coragem:

— É isso, então? Só vai piorar? Não tem o que fazer?

Eles movem a cabeça, em sinal de afirmação.

Em silêncio, se viram para sair.

— Obrigada!

— Força, Osana! Deus abençoe vocês!

Fecho a porta e respiro fundo.

"É isso! Daqui para pior!"

Eu estou no quarto, mais uma vez, trocando o curativo do Ronaldo. Ele faz um barulho com a boca, mas entendo o que ele quer dizer:

— Eu quero morrer, Osana!

"Deus do céu, ele nunca disse isso!"

— Calma, meu amor, deixa eu aplicar mais morfina.

Eu coloco a morfina com cuidado e ele esmurra a parede:

— Ai, ai, ai.

"São buracos no corpo dele, Senhor! Buracos! Misericórdia! Por que alguém tem que passar por isso?"

Ronaldo bate a perna contra a parede, esmurra, chora e geme, até que desmaia.

Eu grito:

— Daniel, Daniel!

Ele vem correndo e fica na porta trancada:
— O que foi, mãe? O que foi?
Eu grito:
— Chama a ambulância, meu filho! Seu pai desmaiou!
Eu fecho os curativos o mais rápido que posso, para abrir a porta.
Em pouco tempo a ambulância chega e eu sigo com ele para o hospital.
Vejo o desespero nos olhos dos meus filhos, mas sigo o que Deus me chamou para fazer nesta vida.
"Ao menos neste momento!"

Eu estou há vários dias no hospital, com o Ronaldo internado.
Pela primeira vez, estamos num quarto sozinhos, num apartamento individual.
"Ao menos para morrer, nos é permitido ter privacidade."
Eu revezo minha estadia com dois amigos e, a cada três dias, consigo voltar para casa.
Olho para o quadro branco na parede, onde há alguns dias a médica disse que eu podia escrever uma frase. Leio, baixinho, o que escrevi:
— Amanhã eu fico triste, hoje não!
Suspiro.
Ronaldo não diz nada.
Eu reforço:
— Amanhã eu fico triste, hoje não, Ronaldo! Foi você que me pediu para escrever essa frase no quadro, lembra?
Ele não responde.
"Está mesmo triste."
Vejo ele encostar a cabeça na parede. Ele olha para cima e emite um som:
— Até quando, Senhor?
"Meu marido quer morrer, Pai! Permita que seu milagre vá embora! Dê a ele o alívio desse fardo!"
Eu me aproximo do Ronaldo e toco sua cabeça:
— Deus sabe o que faz, amor!

Beijo sua testa.
Penso no seu rim, que já parou de funcionar, bem como o fígado.
Eu também me pergunto, mas em silêncio.
"Até quando, Senhor?"
A médica aparece na porta e sinaliza para eu sair.
Vou ao seu encontro e ela me fala, baixinho:
— Ele tem quarenta e oito horas, Osana. Se alguém quiser se despedir, a hora é agora! Eu sinto muito.
Meus olhos se enchem de lágrimas e não sou capaz de emitir uma palavra sequer.
Ela sai e eu tento me recompor para voltar até o quarto.
"Obrigada, Senhor!"
De alguma forma, sei que agora é o melhor a acontecer.
"Acabou!"

Vejo meus filhos com o pai, sabendo que é a última vez.
Ronaldo faz sinal para tirarmos uma foto:
— Foto, Ronaldo? – eu rio.
"Como ele consegue me fazer rir, até quando está se despedindo da vida e dos filhos?"
— Vai, Daniel, tira uma foto nossa: juntinhos!
Fazemos uma pose ao lado do Ronaldo e tiramos nossa última fotos juntos: Eu, Ronaldo, Daniel e André!
De alguma forma, eu ainda consigo agradecer.
"Obrigada, meu Deus! Obrigada pelo privilégio de ter podido cuidar do meu marido e dos meus filhos. Obrigada por este momento único!"
Olhamos a foto no celular e todos conseguimos sorrir.
André conta ao pai que está namorando e ele faz graça, fazendo sinal com a mão de beijinhos.
Rimos.
"Ronaldo está tão lúcido. É como se soubesse que é a última vez. Será que sabe?"
Meus filhos vão embora e eu fico com ele.

Olho para meu marido e o sinto feliz, apesar de toda dor. A dor de toda uma vida expressa em seu corpo.

Apesar de não ter capacidade para compreender os porquês de tanto sofrimento, também sei da alegria e da profundidade do amor que vivemos.

"Vinte e três dias, Senhor, assim..."

Parece uma contagem regressiva, das mais doloridas possíveis.

Meu irmão entra no quarto para se despedir de Ronaldo, seu amigo de décadas.

— Ronaldo, meu amigo...

"Ele não sabe o que dizer. E quem é que sabe?"

Meu irmão lê a frase escrita no quadro:

— Amanhã eu fico triste, hoje não!

Ele começa a chorar compulsivamente.

— Calma, meu irmão! Está tudo bem.

Ronaldo pega a mão dele e coloca sobre a minha. Faz um breve movimento com o pescoço e com o olhar, como quem diz:

— Cuida dela!

Ficamos assim, os três, na história e despedida de uma vida.

É quase madrugada.

O cheiro do quarto está forte e eu chamo a enfermeira:

— Por favor, você pode trocar o curativo do meu marido? O cheiro está muito ruim.

— Já vou, senhora.

O tempo passa, mas não vem ninguém.

Sei que o carrinho da enfermagem está no quarto e decido trocar eu mesma.

"Ninguém merece ficar desse jeito!"

Troco seu curativo, lentamente, o mais delicadamente possível. Passo a mão na sua cabeça e decido passar um xampu e fazer toda a sua higiene.

Ronaldo faz sinal para mim, que é hora de dormir.
— Sim, meu amor, eu já vou dormir, mas antes, estou cuidando de você.
Ele move a cabeça em agradecimento.
Olho no relógio e suspiro:
— Duas da manhã!
"Estou muito cansada!"
Eu me sento numa cadeira e encosto a cabeça na parede.
Adormeço.
Passa pouco tempo e ouço o Ronaldo me chamar:
— Osana!
Abro os olhos e vejo ele me olhando, como quem diz:
"Está na hora!"
Eu me aproximo dele e seguro sua mão.
"Eu entendi. Está na hora!"
Peço a Deus todas as forças do mundo, para ser o seu porto seguro neste momento.
Pegamos na mão um do outro e ficamos assim.
Movo minha mão com suavidade sobre a sua, lembrando de tantos momentos... o dia em que nos casamos, as tantas consultas em que apertei sua mão para que não se sentisse só, nos momentos de dor, dos recados dos nossos filhos e agora aqui: só eu e ele.
"E Deus!"
— Eu amo você, Ronaldo!
Ele me olha com ternura e fecha os olhos.
Sua cor começa a sumir, enquanto sua mão continua segurando a minha.
Apesar de saber, por dentro, que ele se foi, ainda preciso de uma confirmação.
Chamo, olhando no corredor:
— Doutora! Doutora!
Ela chega, entende meu olhar e vem, rapidamente e em silêncio.
A médica me encara e atesta sua morte.
— Você está bem, Osana?
— Sim, estou tranquila.
"Deus me tomou em seus braços, para que eu não sinta!"
— Tem certeza, Osana?
Olho para ela e respondo, calmamente:

— Era isso, que tinha que acontecer. Ele tinha que ir embora, descansar. Chega disso aqui.

Eu me levanto.

"Quero enterrar ele hoje, não quero protelar!"

Ligo para casa e informo meus filhos, indicando que documentos devem pegar, porque eu decidi agilizar o enterro, o mais rápido possível.

Eu me pego sorrindo, lembrando do que meu marido me disse, há não muito tempo atrás:

— Comprei um apartamento duplo para a gente, Osana!

— Oi? Apartamento, amor? Como assim?

Ele estava sorrindo e deu detalhes da sua compra:

— Tem um pôr do sol maravilhoso, no alto de uma montanha, um lugar cheio de paz.

— Que lugar é esse, Ronaldo?

E ele me mostrou as fotos de um cemitério lindo, que realmente tinha tudo isso, onde ele tinha orgulhosamente reservado um jazigo.

Respiro fundo e falo com ele, que a essa hora já está junto de Jesus:

— É para lá que eu vou te levar agora, meu amor! Você finalmente vai ficar em paz, sem dor! Nos braços de Deus!

No mesmo dia, nós estamos na igreja, velando o corpo do Ronaldo, aos quarenta e oito anos de idade.

Meu filho, Daniel, sobe no púlpito com alguns amigos para tocar a música que meu irmão fez, em homenagem ao seu amigo e meu amor.

Eu não consigo conter as lágrimas, ao ouvir a letra:

— *"Amanhã fico triste, amanhã fico triste. Amanhã... hoje não. Hoje fico alegre, hoje fico alegre! E todos os dias, por mais amargos que sejam, eu digo: amanhã fico triste, amanhã fico triste. Amanhã... hoje não. Hoje fico alegre, hoje fico alegre! E todos os dias, por mais amargos que sejam, eu digo: amanhã fico triste, amanhã fico triste. Amanhã... hoje não."*

— Obrigada!

Sigo para junto dos meus filhos.

Sinto uma mãozinha limpar meu rosto:
— Não chora, vovó!
Só agora me dou conta que, na verdade, estou na sala com a minha neta.
"É tudo ainda tão vivo dentro de mim, meu Deus, que eu me perco em minhas lembranças!"
— Oi, meu amor, vovó não está triste, não. Está tudo bem.
Ela sorri para mim, com as duas mãozinhas agora nas minhas bochechas:
— Eu sei o que é isso!
"Como assim?"
— Isso o que, Aurora?
Ela tira as mãos do meu rosto e apenas fica me olhando:
— É saudade!
Respiro profundamente, concordando com ela:
— É mesmo, Aurora!
— Mas ele está com o Papai do Céu, vó, você não precisa se preocupar.
Eu rio:
— Eu não me preocupo, meu amor!
Ela se levanta e põe as mãos na cintura:
— Cadê o quarto nó, vó? Você fica me enrolando. Faz um tempão que eu já fiz o quarto nó!
Caio na gargalhada!
— Eu não estou te enrolando, estava contando a história.
— E o quarto nó, cadê?
Sou obrigada a concordar com ela:
— Você tem razão, Aurora, eu ainda não cheguei a essa parte da história, mas vou te contar!
Ela dá um pulinho e entrelaça as mãos em frente ao seu corpinho.
— É a arte do macramê, doce menina!
Ela entorta o pescocinho e fala empolgada:
— O macramê? Como é que eu não adivinhei antes?
— E como poderia?
— Você falou que não era uma pessoa, era algo que a gente gosta e que foi algo que salvou você.
— Eu disse isso tudo?

— Disse!
"Eu disse??"
— Eu não disse tudo isso, Aurora.
— Ah, vó, disse sim.
— Não disse.
— Disse...
— Não.
— Sim...

CAPÍTULO 5

O QUINTO NÓ: AURORA!

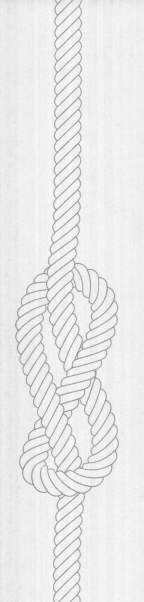

"Só é possível ensinar uma criança a amar amando-a."
(Johann Goethe)

O que se faz com o tempo, após uma vida inteira de abnegação, quando o outro se vai?

O tempo fica, o tempo para, o tempo sobra!

— Eu sobrei!

De um dia para o outro, eu simplesmente percebi que não havia vivido para mim mesma. Meus filhos estavam crescidos, em relacionamentos profissionais e amorosos. Eles tinham uma vida. E eu?

Sem hospital, sem consultas, sem exames, sem curativos, o que me restou? Umas idas até o hospital por questões de inventário. Alguém consegue imaginar a dor de voltar lá, sem meu marido? Dor com uma pitada de alívio, por não existir mais o sofrimento. E pensar que aquele lugar foi a minha segunda casa por anos: a nossa segunda casa!

Eu sabia que o vinho da alegria voltaria para mim, de alguma forma, mas eu não tinha ideia de como ele viria e nem quando. E até que esse quando chegasse, não sei de que forma, eu me vi desolada, num vazio que parecia não ter fim.

Em nenhum momento eu me arrependi dos vinte e cinco anos que vivi em função do meu marido e de sua doença, mas de algum modo, parecia que eu havia faltado comigo mesma. E agora? O que eu tenho que aprender com isso? Quem é a Osana agora? O que eu preciso ressignificar para descobrir o sentido da minha própria vida? Um novo amor? Não! Não era isso, mas o que se faz com um vazio que parece durar horas, dias, semanas e meses?

Meus filhos eram a prova viva de que tudo valeu a pena, mas não podiam ser responsáveis por preencher o vazio do ponteiro do relógio passando pesado e lentamente em tudo que deixou de ser. O tique-taque que mais parecia um alarme me dizendo o tempo todo: "ele se foi".

— E agora, Osana? Cadê o vinho da alegria?

— Vó! Eu não vou fazer o último nó, enquanto você não me contar essa história direito.

Eu rio:

— Mas eu estou contando, Aurora!

— Mas tá errado, vó!

"Como assim?"

Eu olho para ela, que está em pé com as mãozinhas na cintura, me chamando a atenção.

— Como assim, está errado, Aurora? Me explica!

Ela entorta o pescocinho para o lado:

— Vó, você demora muito... já era para estar no último nó.

Balanço a cabeça.

— Tá, eu vou terminar então o quarto nó, para poder te contar qual é o último.

Ela bufa e cruza os bracinhos:

— Vai logo, porque o meu pai já está chegando!

"É mesmo!"

Olho no relógio e vejo que ainda temos vinte minutos.

"Vai dar tempo!"

Ela se senta à minha frente e fica mais uma vez mexendo nas linhas do macramê.

Eu estou em casa, sozinha, criando coragem para me desfazer das roupas do Ronaldo.

"Me dê forças, meu Deus!"

Lentamente, eu começo a tirar do armário tudo aquilo que já não faz mais sentido guardar.

Suspiro:

— Como é difícil, Pai. Dai-me forças.

Eu me movimento num ritmo diferente de antes.

"Nunca tinha tempo. E agora parece que sobra."

— O que eu vou fazer, meu Deus? O que eu vou fazer?

Eu me sento na cama e fico olhando o guarda-roupa. Não consigo me mexer.

Os dias estão passando e, apesar de eu continuar a cuidar da casa, estou aprendendo a lidar com o vazio que ficou.

— Ai, ai...

Coloco a água fervendo no filtro de café e fico olhando essa água baixar, lentamente.

"Que ritmo é esse, meu Deus?"

Sussurro, olhando em volta da cozinha:

— Eu ainda não me acostumei!

Volto a olhar a água misturada ao pó de café.

Suspiro.

"Tão lenta quanto a minha vida agora!"

Alguns dias depois, a vida segue, mas ainda devagar.

— Como você está, mãe?

"Péssima!"

Olho para o Daniel, no sofá, e dou um sorriso amarelo:

— Estou bem, meu filho.

O André toca o meu ombro, sentado ao meu lado:

— Você é assim, né, mãe? Nunca perde o coração grato! Mas você parece meio tristinha esses dias... O que houve?

"Triste? Eles estão notando. Está tudo tão estranho..."

Respiro profundamente, pensando sobre o que responder.

"Eu não sei o que responder. Eu não sei o que fazer."

Falo balbuciando:

— Eu só sinto um vazio.

Sei que meus olhos lacrimejam e tento disfarçar.

Ouço em uníssono:

— Mãe...

Meus dois filhos me abraçam e eu caio no choro.

Eles voltam aos seus lugares, enquanto eu enxugo meu rosto com um lenço de papel.

— Não se preocupem, vai passar.

— Você tem que preencher seu tempo, mãe – o Daniel sugere.

— Pois é, na minha vida de antes, eu não tinha tempo para nada. E, agora, parece que sobra. Eu não sei lidar com isso.

— E o seu trabalho? – Daniel questiona.

— Dos meus dois trabalhos, um, vocês sabem, eu me aposentei. O outro eu tirei licença logo antes do seu pai falecer.

— Para cuidar dele, né?

— É...

Silêncio na sala por alguns instantes.

André me pergunta:

— E então, quando você volta com essas aulas? Vai fazer bem para você.

— Eu já voltei, meu amor, mas não estou conseguindo ficar bem lá.

— Por quê?

— Depois de tanto tempo de licença eu precisei voltar para uma outra escola. Lá é tudo diferente, a dinâmica é outra e, para ser sincera, eu me sinto cansada dessa rotina.

Daniel tenta me animar:

— Mas que coisa, mãe. Então está na hora de rever isso, não?

Dou de ombros:

— É...

— O que a gente pode fazer por você? – o André pergunta.

Eu balanço a cabeça para os lados:

— Vocês não têm que fazer nada. Vocês têm o trabalho de vocês, a vida de vocês e tem que seguir assim. Me contem, como está o trabalho?

"Que orgulho dos meus meninos!"

Eles trabalham com cinema agora.

— Ah, agora a gente está trabalhando num filme nacional.

Sorrio de verdade agora:

— Depois de tantos vídeos para escolas e instituições educacionais, vocês trabalham com cinema. Que orgulho eu tenho de vocês!

— Nós é que temos orgulho de você, mãe – o Daniel responde, rapidamente.
— É isso mesmo, nós é que temos orgulho de você, mãe – André reforça.
"Me dê forças, Senhor!"
— Eu tenho tanto amor por vocês, não quero que vocês se preocupem, mas eu não tenho como esconder a minha tristeza agora, eu não sei o que fazer.
— Vamos pedir a Deus que mostre um caminho para você.
— Algo novo! – falo, olhando para cima, como se pudesse olhar para Ele.
— Algo que preencha seu tempo, dona Osana!
"Isso!"
— Sim, mas o que poderia ser?
— Deus vai responder, mãe – Daniel fala, sorrindo.
Olho para cima outra vez, em silêncio.
"Por favor, me responda!"
Meus filhos continuam me contando sobre o filme em que estão trabalhando.
— Uau!

Passados três meses, eu decido parar de dar aula.
Estou na sala de casa, sentada no sofá.
— Por que você vai parar, Osana?
— É longe, Jô, numa comunidade barra pesada.
— Mas o dinheiro não vai fazer falta para você?
— Um pouco, mas os meninos já trabalham e, com a pensão do Ronaldo e a aposentadoria da outra matrícula, eu consigo me virar.
Ela balança a cabeça, como se estivesse pensando, antes de responder:
— Se vai ser melhor para você, acho que tem que parar mesmo.
Respiro fundo e nem sei o que dizer.
— O que foi, Osana?
Olho em seus olhos:

— Estou em frangalhos, Jô.
— Também, pudera, né? Depois de tudo que você passou.
"Será que isso é normal?"
— Isso é normal, Osana.
"Como ela sabe o que estou pensando?"
— Dê tempo ao tempo, as coisas vão melhorar. E cuide de você.
— Tá.
Ela sorri:
— Você não sabe fazer isso ainda, né?
— O quê?
— Cuidar de você.
Fico olhando para ela, sem saber o que dizer.
Ela ri e faz graça:
— Não, não sabe.
— Não sei, Jô?
— Não, mas vai aprender!
Eu me deito em seu colo e ela passa a mão no meu cabelo.
Ficamos assim em silêncio por um bom tempo.
"Obrigada pelos bons amigos, Senhor!"

O tempo passa e, no ano seguinte, surge um novo projeto no meu coração: eu começo a trabalhar como professora de artes para crianças, numa creche particular. Além do trabalho ser perto de casa, o lugar é de uma amiga, que me deu uma sala para usar e customizar como eu quisesse.

"Imagina se a sala não ficou linda, toda colorida e cheia de coisas lúdicas?"

Hoje, a creche atua com crianças de zero a cinco anos, com cerca de dez alunos por sala.

Eu estou no pátio, pensando com meus botões.

"Bem diferente do trabalho na escola pública, que chegava a ter sessenta crianças por turma."

— Tia, tia?
— Oi, meu amor?

— Minha presilha caiu, põe no meu cabelo para mim?
— Claro, dá aqui!
Ela vira de costas e joga o cabelo para trás.
— Como você quer?
— Prende do lado, para não cair no meu olho.
Eu rio:
— Tá bom!
"Quando será que eu vou ter uma netinha dessas?"
Olho para cima, mostrando para Ele o que eu gostaria.
"Uma assim, ó!"
Prendo a presilha de lado e sorrio.
A menininha vira para mim:
— Obrigada, tia!
— De nada!
"Ela nem imagina o valor do sorriso que tirou de mim!"
Olho em meu entorno, vendo várias crianças correndo, e me sinto grata pela vida do lugar.
"Que energia boa, meu Deus, obrigada por essa oportunidade!"

Aurora me interrompe:
— Ai, vó, eu não acredito!
— Que foi, Aurora?
— Você me pediu para Deus?
Não consigo segurar a risada:
— Pedi – e continuo rindo.
— Mas vó...
— Qual o problema, Aurora?
— Não sei...
Eu balanço a cabeça e pisco várias vezes:
— Como assim, não sabe?
— Não sei, mas não gostei.
— Não gostou do quê?
— Não sei, vó.

"Ela ficou com ciúmes?"
— Mas menina, você ficou com ciúmes da sua avó? Você nem tinha nascido ainda...
Ela cruza os bracinhos:
— Vai, continua essa história aí, que meu pai vai chegar!
"Eu não acredito!"
— Onde é que eu estava mesmo?
Ela responde, olhando brava, para o lado:
— Na presilha...
"Eu não acredito..."
— Calma, Aurora, que agora eu vou te contar uma parte da história que você vai adorar!
Ela arregala os olhinhos:
— Tem meu pai?
Rio:
— Tem!
"Eu sabia!"

Como se a vida não parasse de surpreender, logo meu primeiro milagre vem com um pedido:
— Mãe, você sabe que eu decidi me casar e queria pedir uma coisa para você...
— Fala, Daniel!
— Eu posso morar com minha esposa na casa em Teresópolis?
"Oi?"
— Filho, mas isso é algo que eu sempre quis.
— Verdade, mãe?
Eu o abraço:
— Claro!
— Por quê?
— Porque quando a gente comprou esse lugar, vocês ainda eram adolescentes e é um lugar sagrado para a gente.
— Sagrado, mãe?

Meus olhos se enchem de lágrimas e eu explico com a voz embargada:

— Alguns dos melhores momentos com seu pai, nós vivemos naquela casa, meu filho.

Vejo seus olhos lacrimejando também.

— Eu me lembro, mãe, dos jogos de sinuca, do dominó, das cartas, da lareira, era só a gente.

Meu rosto fica todo molhado:

— E precisava de mais alguém?

Ele me abraça outra vez:

— Não, mãe. Não precisava de mais ninguém.

Fecho os olhos uns instantes.

Daniel se afasta e agradece:

— Obrigado, mãe!

— De nada, filho. Eu tenho certeza, que seu pai ficaria feliz de ver você construindo sua família e indo morar na nossa casa.

Sussurro, satisfeita:

— Agora é sua!

Passado um ano, eu tive a oportunidade de mudar de casa e ir para Teresópolis.

Eu estou com uma amiga, andando, numa feira de artesanato.

— E então, Osana, está gostando de morar em Teresópolis?

— Muito.

— E você sente falta de trabalhar?

Pigarreio um pouco, antes de responder.

"Tocou numa ferida!"

— Sabe, eu tentei emprego em várias escolas, e foi difícil constatar que não consigo por causa da minha idade.

Minha amiga arregala os olhos:

— Sério, Osana?

— Sim, minha nora arrumou um trabalho rapidinho, mas o ponto é que ela é nova ainda.

— Sinto muito, mas logo você vai descobrir algo para fazer. Você vai ver.

— Tomara!
"Graças à ideia do Daniel, todos resolvemos nos mudar: 'mãe, vida nova, você vai arrumar um trabalho novo, pessoas novas, tudo novo...'"
Acreditei! E gostei!
"Mas ainda falta um trabalho para preencher o tempo e a saudade. Ah, o vazio que ficou..."
— E então, Osana, animada para o *workshop*?
Balanço a cabeça, concordando e sorrindo:
Eu estava um pouco receosa, com medo de não conseguir dar conta de aprender algo novo a essa altura da vida... Mas meus filhos me deram tanta força que me animei para ir.
— Você vai gostar, Osana, tenho certeza. É uma oficina de férias para crianças, tem tudo a ver com o que você gosta de fazer: arte e crianças!
Eu rio:
— É verdade, eu adoro as duas coisas!
Continuamos nosso passeio e a conversa despretensiosa.

Eu acabo de entrar na sala pequena, onde me inscrevi para o *workshop*.
— Com licença, com licença, posso entrar?
— Entre, seja bem-vinda.
Eu me apresento para a professora e conto sete crianças sentadas, mais três mulheres adultas.
"Ufa, que bom que eu não sou a única mais velha por aqui!"
Logo, a jovem começa a ensinar os primeiros passos para uma peça de macramê. Começando por um tal de "nó quadrado".
"Uau, que lindo! Adorei!"
Tento seguir seus passos, mas não consigo.
Tento de novo.
"Mas por que é tão difícil?"
— Professora, você me ajuda?
Ela se levanta e vai à minha direção, se senta ao meu lado, e explica:
— Olhe para o jeito que eu faço!
Eu observo e acho lindo.

"Agora vai!"
A professora segue para atender outra pessoa.
Olho para os lados e vejo todas as crianças concluindo seus nós.
Tento outra vez.
"Mas por que para mim parece tão difícil? É impossível!"
Chamo a professora de novo:
— Professora, desculpa, eu não consegui!
Ela volta e faz de novo bem na minha frente e devagar.
— Obrigada!
Ela sai, eu tento e não consigo.
"Meu Deus do céu!"
Uma das crianças pergunta:
— Tia, posso fazer outro?
Falo em voz alta para mim mesma:
— Como assim fazer outro? Eu não consegui fazer nem o primeiro nó!
Fico olhando para as linhas na minha mão, muito chateada.

As crianças já completaram os nós e criaram um lindo painelzinho, eu ainda não consegui sair do primeiro nó.

Espio as mulheres adultas e descubro que elas também conseguiram fazer seus nós.

"Por que só eu não consigo?"
Suspiro, sussurrando:
— Eu vou embora!
"Não consigo fazer esse negócio, estou envergonhada!"
Começo a ajeitar minhas coisas para sair, mas também começo a brigar comigo mesma.

"Osana, se você for embora, você vai sair daqui derrotada!"
Eu me pego falando sozinha:
— E agora?
Estou num turbilhão de pensamentos.
"Se essas crianças conseguem, deve haver um motivo para eu não conseguir. Cadê a Osana que fazia tudo e ajudava a tudo e a todos?"
Encho o peito e solto o ar de uma vez.
"É isso. Esse é o problema. Eu sempre fiz tudo para os outros. Eu cuidei do meu marido, dos meus filhos, da minha mãe e até do cachorro da minha mãe."

— Ai, ai...
"Eu me esqueci de mim!"
Olho para as unhas roídas dos dedos da minha mão direita.
"Nem com as unhas você se preocupou mais, Osana, você não tinha tempo para você. Mas agora tem!"
Eu posiciono minhas mãos novamente para fazer o nó.
E faço!
Quase dou um pulo da cadeira:
— Eu consegui! Eu consegui!
Rio, satisfeita comigo mesma.
"Era isso, eu precisava entender que a minha vida precisava de mim!"
Minha respiração está acelerada e eu estou emocionada.
"Será que alguém percebeu? Eu estou me resgatando, gente! É isso!"
Rio por dentro com as minhas percepções, enquanto começo a tecer o meu primeiro painel de macramê.
"Obrigada, meu Deus! Por me fazer enxergar o que eu precisava!"
Alongo o pescoço, eliminando a rigidez das tentativas frustradas.
"Eu consegui!"

No dia seguinte, eu estou no centro da cidade, radiante, entrando numa loja:
— Por favor, você tem linha para macramê?
— Macramê?
"Sim!"
— Isso, macramê! Você sabe qual é a melhor linha?
A vendedora responde, desanimada:
— Xi, não faço ideia. Eu conheço tudo de linha para crochê! Agora, macramê... não sei não.
Eu rio.
"Parece que vou ter que descobrir sozinha."
Vejo na prateleira um rolo de cordão de algodão parecido com o que tínhamos usado na oficina. Aponto:
— Então vou querer um daquele ali! Acho que vai servir.

"Você não sabe o quanto é bom esse tal de macramê! Eu não vou deixar nada me impedir de continuar aprendendo!"

Eu ainda não sabia, mas o pequeno *workshop*, naquela sala pequenininha com crianças, as minhas tentativas frustradas, até a primeira peça feita, transformariam a minha vida para sempre.

"Meu filho até tirou uma foto do meu macramê de ontem."

Rio sozinha e balanço a cabeça.

— Cadê a vendedora?

Perdi a vendedora de vista.

Minha vida mudou depois disso.

Eu comecei a fazer macramê sem parar e a pesquisar na internet tudo o que podia sobre essa arte. Mas a verdade é que não tinha muita coisa.

Meus filhos tentam me ajudar:

— Mãe, tem um livro aqui, olha, mas é em inglês.

— Mas não tem traduzido?

— No Brasil não tem.

Eles se entreolham.

— André, você não vai para os Estados Unidos semana que vem gravar o *making of* do filme em que está trabalhando?

— Sim, por quê?

Eu já entendi e respondo em cima dele:

— Traz todos os livros de macramê que você achar para mim!

— Sério, mãe? – ele fica me olhando, boquiaberto.

— Sim. Entra numa livraria e compra tudo o que você achar!

André ri:

— Tá bom!

"Oh, que amor, meus meninos!"

Os livros vieram e, com o tempo, meus filhos traduziram o livro mais significativo dessa arte para mim. Eu fui aprendendo e me especializando cada vez mais.

— Isso aqui é mágico!

"Quero mais! Quero mais disso!"

Eu estou novamente na feira de artesanato do meu bairro, sentada, fazendo minha arte e pensando na quantidade de peças de macramê que já fiz.

"Gente, tem macramê na minha casa inteira, até no banheiro. E eu já presenteei todos os amigos e vizinhos com minhas peças de macramê!"

Falo comigo mesma:

— Sempre que meus filhos chegam lá em casa, lá estou eu fazendo macramê.

Rio.

De repente, chega uma moça e pega minhas peças, que estão ao meu lado:

— Nossa, o que é isso? Que coisa mais linda!

— Macramê, você não conhece?

Ela pega outra peça e fica realmente admirando minha arte:

— Não, mas isso aqui é muito lindo. Você não quer vir aqui expor suas peças na feira?

"Oi?"

— Eu? Não... eu faço isso aqui só para mim mesmo.

— Não, mas isso aqui é muito lindo. Vem aqui expor suas peças com a gente! Você tem que mostrar isso para o mundo!

"Será?"

— Coloca uma barraca aqui, eu tenho certeza de que você vai vender superbem.

"Tá aí, é uma chance. Será Deus me respondendo? Um trabalho? E você gosta, Osana!"

Tomo a minha decisão:

— Tá, eu venho!

"Será que vai dar certo?"

O convite deu tão certo que eu já estou na minha terceira exposição de macramê na feirinha que acontece uma vez por mês.

"Cada vez que eu venho, fica ainda melhor!"

Fico admirando minhas peças coloridas penduradas e espalhadas pela minha barraca.

Uma cliente se aproxima:

— Gente, que coisa mais linda!

— Obrigada!

E, em seguida, faz a pergunta simples, mas que viria a mudar o curso da minha vida. – É macramê, né? Essa arte é realmente muito linda! Me diz uma coisa... você ensina?

Num instante, sinto meu corpo inteiro gelar, como se de alguma forma soubesse a importância daquele momento.

— Eu?

Hesito.

"Você ensina, Osana? Você não foi professora de artes a vida inteira? E você ama macramê! Por que não unir as duas coisas?"

Balanço a cabeça e respondo rapidamente:

— Sim. Ensino!

— Me dá seu telefone?

— Claro.

Dou um cartão para ela e agradeço.

Ela olha mais algumas peças e vai embora.

"Será que ela vai ligar?"

No dia seguinte, eu estou em casa, atenta em meus afazeres, quando o telefone toca:

— Olá, Osana, eu falei com você ontem na feira de artesanato.

"Nossa, ela ligou mesmo!"

— Oi, tudo bem?

— Então, eu queria te dizer que tenho mais cinco amigas que querem aprender o macramê. Você faz um *workshop* para a gente?

"Obrigada, Senhor! Eu sei que é a resposta que eu pedi!"

— Vamos fazer o *workshop*, claro!

"Eu não acredito!"

Meu coração palpita de alegria!

"Vou usar a minha didática para ensinar o que eu mais gosto de fazer na vida hoje! E para pessoas que querem aprender! Isso é incrível!"

Desligo o telefone e já sigo para os preparativos do meu primeiro *workshop* de macramê!

Paro por um momento e respiro fundo. Fecho os olhos e deixo a cabeça cair para trás.

"É minha conversa com Ele!"

— O vinho da alegria jamais faltará! Obrigada, Senhor! Obrigada!

Já no *workshop*, numa casa linda de uma das alunas, estou caminhando entre elas, checando, se alguém precisa de ajuda:

— Tudo bem aí?

Elas estão concentradas nas linhas.

— Muito bem – motivo uma delas.

Fico observando se a alegria que eu sinto fazendo os nós é uma coisa que acontece só comigo ou se essa emoção também pode acontecer com outras pessoas.

— Osana, Osana, olha, eu consegui!

A aluna ri de alegria.

"Então não sou só eu!"

A outra aluna me chama:

— Olha, Osana, agora eu consegui! Como faz o próximo nó?

Eu me sento ao seu lado, explico e faço um pedido:

— Posso tirar uma foto sua com a sua peça?

— Claro, professora!

Eu tiro a foto e faço vídeos das alunas criando seus macramês. E todas elas demonstram alegria, naturalmente.

— Obrigada!

Eu não sei nem como explicar a emoção que estou sentindo. Mas me lembro de agradecer mais alguém.

"Obrigada, meu Deus!"

O tempo passa e a vida vai ficando mais leve.

Eu estou em casa, postando fotos das minhas alunas no *Instagram*, depois de já ter realizado quase dez *workshops*.

— Já tem um monte de foto aqui, meu Deus!

"Ah, vou colocar mais! Eu gosto!"

De alguma forma, ensinar macramê está me transformando em outra pessoa, mais leve, feliz e com um propósito... que eu ainda não sei bem o que é.

Percebo meus filhos chegando:

— Oi, mãe!

— Oi, Daniel!

— Oi, mãe!

— Oi, André!

Começamos a conversar e decido contar uma das histórias que vivi no último *workshop*:

— Uma das alunas simplesmente se levantou no meio da aula, chorando, dizendo que ia embora, porque não conseguia fazer nenhum nó!

Eles prestam atenção à minha experiência:

— O que você fez, mãe?

— Eu disse 'calma', sentei ao lado dela e contei a minha história de dificuldade com o primeiro nó.

— E daí?

— Ela chorou mais ainda.

Eles riem.

"Ai, meu Deus!"

— Então, ela me contou que tinha uma filha de quinze anos, com Síndrome de *Down*.

— Nossa, mãe...

— E que fazia quinze anos que ela não saía de casa. Aquela aula estava sendo a primeira vez que ela saía para fazer uma coisa para ela mesma, desde que sua filha nasceu.

— Foi a mesma coisa que aconteceu com você, mãe.

— Exatamente!

— E o que aconteceu depois?

Suspiro e respondo:

— Eu disse: 'Você consegue! Eu sei porque nossas histórias são parecidas. Você precisa lembrar de quem você é'. E ela conseguiu.

— Nossa, parabéns, mãe.

— Eu peguei na mão dela e a ajudei, até ela sair de lá feliz da vida com a peça pronta.

Meus filhos se entreolham:

— Esse negócio da mamãe está ficando sério, André!

— Também acho.

Olho para eles e percebo algo diferente no ar:

— O que foi?

"O que vocês estão aprontando? Conheço vocês, meus filhos!"

Daniel toma a dianteira:

— Mãe, eu me recuso a acreditar que esse é um caso isolado. Já não é a primeira história assim que você conta. Toda oficina tem pelo menos uma!

— É verdade, mãe! – André completa. – E se aconteceu com cinco, pode acontecer com cinquenta, com quinhentas, com cinco mil! Deve ter muita gente precisando viver essa transformação!

— Vamos trabalhar isso aí, mãe?

— Trabalhar? Como assim? Eu já estou trabalhando.

— Não, vamos trabalhar mais. Vamos para o digital.

— Digital?

Eles estão estudando Marketing Digital, mas eu não entendo bem onde isso pode me levar.

Daniel olha para o André:

— Por que que a gente não lança a mamãe?

"Lançar a mamãe? Para onde?"

— O que é que tem eu?

— Boa, vamos lançar a mamãe!

— O que é que vocês vão fazer comigo?

Daniel me olha sério:

— Mãe, você gosta mesmo desse negócio de macramê?

— Gosto!

Continuo falando das minhas experiências, toda empolgada, como sempre, sobre tudo que se relaciona com essa arte.

— Mãe, você ainda vai gostar disso daqui a cinco anos?

"Que pergunta é essa?"

— Eu não sei nem se vou estar viva daqui a cinco anos, meu filho – eu rio.
Ele me encara cheio de seriedade:
— Mãe, a pergunta é séria, você vai gostar disso daqui a cinco anos?
— Sim! Acho que sim.
Ele me chama a atenção:
— 'Acho' não, mãe, você tem que ter certeza.
— Sim, eu vou gostar!
Vejo meu filho respirar fundo e olhar para o André, que toma o rumo da conversa:
— Então nós vamos propor uma parada séria para você, mãe!
— Parada? Séria?
Eu me pego boquiaberta, tentando conter a curiosidade.
— Nós vamos lançar você no mercado digital, mãe, você vai ensinar o macramê para muito mais gente.
Eu fico finalmente quieta, tentando compreender a dimensão do que eles estão planejando para mim.

O tempo vai passando e algo muito estranho acontece no mundo inteiro: a pandemia da Covid-19!
Estamos todos na sala de casa, vendo as notícias na TV, assustados com a nova e inusitada realidade:
— Você viu isso, mãe?
— Vi e não gostei. Estou assustada.
Suspiro e André acrescenta:
— Acho que todo mundo está, mãe.
"Que tristeza!"
— E agora? Acabaram-se meus *workshops*!
André balança a cabeça para os lados:
— O contrário, mãe!
Fico de olhos arregalados:
— Como o contrário, André?
— Lembra do que a gente falou de lançar você no mundo digital?
— Hum.

— Então, isso está mostrando que a gente estava no caminho certo, dona Osana.

— Como assim, filho?

Ele responde sério:

— Mãe, ninguém está saindo de casa, isso pode ser um ótimo momento para aprender macramê.

— Como assim?

— O seu curso vai ser digital, as pessoas vão querer ter uma oportunidade de fazer algo novo sem sair de casa.

— Mas, André, quem é que vai querer aprender macramê pela internet, meu filho? Isso é muito difícil.

Ele continua positivo:

— Mãe, você vai se surpreender!

— Meu filho, mas eu sei como é... várias vezes, eu tive que pegar nas mãos das minhas alunas para ensinar. Não é tão simples como você e seu irmão estão pensando.

— Mãe! Se a gente gravar você fazendo e ensinando, do jeito que você ensina suas alunas, elas vão aprender!

"Será?"

Ele me olha sério:

— Mãe! Confia na gente?

"Nossa, o negócio tá ficando sério aqui."

— Tá, confio!

"O trabalho deles parou com a pandemia mesmo... O que a gente tem a perder? Nada!"

Suspiro.

"Eu acho..."

Daniel começa a planejar o curso imediatamente:

— André, a gente tem todos os equipamentos necessários dentro de casa. Vamos fazer os roteiros!

— Tá, eu vou pegar o cronograma da mamãe do *workshop* e ver como isso se encaixa no digital.

Ele pergunta alto para mim:

— Você me ajuda, mãe?

Eu respondo, rindo:

— Claro, né, meu filho!

Depois disso, eu fico apenas observando e agradeço:

"Obrigada, Senhor, por esses amores que o Senhor colocou na minha vida!"

A pandemia segue assustando o mundo inteiro. E, dentro de casa, começa a nascer a nossa Escola de Nós – meu curso *online* de macramê!

Eu estou sentada no sofá, sentindo o incômodo de ter uma câmera grudada na minha orelha e outra em cima de mim:

— Mas tudo isso, André?

— Vai, mãe! Faz o nó e explica.

"Eu não acredito! Será que vai dar certo?"

Olho para meus filhos e penso:

"O que eu tenho a perder? Um momento lindo em família desses! Eles pegaram todos os equipamentos da produtora para me filmar ensinando macramê."

Falo baixinho:

— Obrigada, Senhor!

Fazemos vários vídeos e passamos muitos dias assim: juntos, trabalhando e rindo em plena quarentena.

O mundo está um caos, mas dentro de casa o vinho da nossa alegria se faz presente!

Hoje é o dia do lançamento.

— Estou com frio na barriga, André!

— Vai, mãe! Você consegue! Você é ótima nisso!

"É, no macramê eu sou, mas na câmera..."

Daniel me encoraja:

— Mais de mil pessoas acompanhando, dona Osana! Já de primeira? Bora!

"Ele tem razão! Um monte de gente se inscreveu para essa primeira aula."

Sigo com a aula online número um e me sinto muito feliz.
— Obrigada, meninos!
Percebo que não há tanta diferença assim com as aulas presenciais.
Faço o que tenho de fazer. E apesar da internet cair inúmeras vezes, fazendo com que um monte de gente desista de acompanhar a aula, eu sigo firme.
"Meus filhos estão apostando em mim!"
Concluo a aula de lançamento, agradecida:
— Consegui! Consegui!
Eu me levanto e abraço meus filhos, que comemoram comigo:
— Parabéns, mãe!
— Parabéns, dona Osana!
Depois disso, na primeira turma completamos trinta e sete alunos, mas esse número só vai aumentando, exponencialmente. Até eu me tornar a maior professora de macramê do mundo!
"Uau!"

— Vó! Vó!
Aurora me traz de volta para a realidade!
— Oi, Aurora.
— Eu também quero ser *influencer*!
Caio no riso:
— O quê? *Influencer*?
— É, vó, igual você.
— Mas eu não sou *influencer*.
— É sim, você dá aula na internet e tem seu *Instagram*, *Facebook* e milhares de seguidores. Você tem canal no *YouTube*.
"Ai, meu Deus. Será que eu sou *influencer*?"
— Eu sou professora, Aurora, não acho que eu seja uma *influencer*.
Ela levanta toda orgulhosa:
— É sim, vó. E eu vou ser também, vou falar para o meu pai.
"Meu Deus do céu, o que eu fui inventar de contar essa história toda para essa menina?"

— E então, vó?
— E então o que, Aurora?
Ela entorta o pescocinho com uma carinha linda:
— O último nó!
— Então faz seu último nó, Aurora, antes que seu pai chegue.
Ela pega sua pecinha e termina o nó com maestria.
— Pronto, agora o último nó, vó!
Olho para ela e sinto vontade de chorar.
"O último nó, meu Deus!"
Meus olhos se enchem de lágrimas.
Ela se antepõe a mim:
— Eu já sei, vó! Sou eu, né?
Lágrimas caem em todo o meu rosto e eu não consigo responder.
Ela fala toda cheia de si:
— Eu já sabia.
Rio e choro ao mesmo tempo:
— Como você já sabia, Aurora?
— Ah, eu sabia. Você me pediu para Deus...
Ouço o barulho da porta abrindo e vejo o Daniel e o André chegando à sala.

— Mãe, por que você está chorando?
Aurora corre para abraçar o pai e responde antes de mim:
— É porque eu sou o quinto nó da vovó, papai, você não sabia?
Ele me olha de canto com estranheza:
— A Aurora é um nó, mãe? Como assim?
— Ai, meu filho, é uma longa história... outro dia eu te conto.
Aurora dá uns pulinhos e não para de falar:
— A vovó tem cinco nós na vida dela, pai, que são iguais aos do macramê.
Meus filhos ficam sérios e se sentam para ouvir a história contada por ela, que fica no meio da sala, narrando como uma profissional e mostrando os dedinhos da mão direita:

— Então... o macramê tem cinco nós e na vida da vovó eles são: o vovô Ronaldo...

Ela encosta todo o corpinho no pai e continua:

— Você é o segundo nó.

Daniel sorri, emocionado.

Aurora se afasta do pai e se encosta no André, explicando:

— Tio André é o terceiro nó.

"Eu não acredito. Ela entendeu tudo direitinho!"

Estamos todos boquiabertos admirando a sua narração, que não para aí não:

— Que lindo, Aurora! – Não me contenho.

Ela continua, após pegar a cesta de linhas de macramê do chão:

— Olhem aqui, este é o quarto nó da vovó: o macramê, que salvou ela da saudade, quando o meu avô foi embora.

Eu choro.

Meus filhos olham para mim e depois voltam o olhar para ela, que põe a cesta de linhas no chão e se apresenta, como uma pequena bailarina, igual à sua mãe:

— E adivinhem quem é o quinto nó?

Eles batem palmas:

— Você, Aurora!

Ela dá pulos de alegria:

— Isso! Eu sou o quinto e último nó!

Todos nos entreolhamos e ficamos bobos com a *performance* da pequena.

Daniel me pergunta:

— O que vocês estavam conversando, mãe?

"Nossa, tanta coisa!"

Balanço a cabeça para os lados.

— Nem te conto, filho. Nem te conto.

— Tá... – ele responde, desconfiado, já se levantando do sofá, com a Aurora o puxando pela mão:

— Pai, pai, eu quero ser *influencer*, igual à minha avó!

Daniel questiona, embasbacado, olhando para mim:

— O quê? *Influencer*, filha?

— É, igual à minha avó. Eu também vou querer um canal no *YouTube*, um curso digital, *Facebook*, *Instagram* e *TikTok*.

Eu me levanto do sofá, pego a boneca e mochila da minha neta, com todos os seus pertences, e sigo para a porta, para acompanhá-los até o lado de fora:

— Eu não tenho nada a ver com isso, Daniel. Sua filha é adiantada demais. Eu nunca vi algo assim.

"Que orgulho desse quinto nó! Obrigada, meu Deus!"

— Mãe, o que você ficou conversando com a Aurora a manhã toda?

— Ai, meu Deus do céu, eu só contei a história da minha vida, ué.

Ele pega a menina no colo:

— Vamos embora, filha!

— Pai, você vai me ajudar a ser *influencer*?

— Mas Aurora, você só tem sete anos.

— Eu vou ser uma *influencer* infantil!

"Eu não acredito!"

— Eu te ajudo, Aurora – André diz.

— Êêê! – ela comemora.

— Vocês não têm o que inventar – Daniel suspira e ri.

Eles entram no carro, acenando para mim:

— Te amo, mãe!

— Te amo, vó!

— Amo você, mãe!

Eu sinto meus olhos se encherem.

"Deve ser a emoção dessa história toda..."

— Amo vocês, meus amores!

Olho para a Aurora:

— Tchau, minha pequena *influencer*!

— Tchau, vó!

Eu entro em casa e caminho ainda emocionada com as horas inusitadas junto à minha neta.

"Quem diria, que ela ia querer ouvir essa história toda?"

Falo sozinha:

— Começou com uma brincadeira, só para ela aprender os nós do macramê...

Abro uma gaveta e pego uma fotografia do Ronaldo.
Dou alguns passos e me sento no sofá.
— É, Ronaldo, você teria orgulho de nossa família, se estivesse aqui.
Eu choro.
Abraço sua foto contra meu peito e deixo vir num choro profundo, o turbilhão de emoções, que revivi no dia de hoje.
— Eu amo você, meu amor. Que saudade... Você viu a Aurora? Vai ser *influencer*!
Eu me levanto e rio, balançando a cabeça para os lados.
Dou um beijo na foto e olho para ela uma última vez, antes de guardá-la na gaveta novamente.
Sigo até a janela da sala e olho para o céu:
— Obrigada, meu Deus! O vinho da alegria jamais faltou!

SOBRE A ESCOLA DE NÓS

Depois de viver uma jornada de transformação e reencontro por meio do macramê, eu tomei como missão ajudar o maior número de pessoas que eu conseguir a também ter os mesmos resultados que eu. E foi assim que nasceu a Escola de Nós.

A Escola de Nós é o meu curso *online* de macramê, onde eu ensino pessoas do mundo inteiro a produzir suas próprias peças de macramê.

Mesmo quem está partindo do absoluto zero. Mesmo quem nunca fez nenhum artesanato, ou quem acha que parece difícil demais. Mesmo quem não tem habilidades manuais. Mesmo quem não tem tempo sobrando.

A Escola de Nós começou no ano de 2020, em meio à pandemia, e sua primeira turma teve trinta e sete alunos. Hoje temos mais de 7 mil alunos espalhados por todo o globo, e a Escola de Nós se tornou um dos maiores centros de ensino de macramê no mundo.

Com o conhecimento disponível no curso, esses milhares de alunos estão tendo a chance de se expressar por meio da arte, de combater o estresse, ansiedade e depressão, de presentear quem eles amam, de decorar a casa e, em muitos casos, de conseguir uma nova fonte de renda.

Hoje, graças a Deus e a esse trabalho, eu sou uma das especialistas que mais ajudam pessoas a aprender macramê no mundo. Meus vídeos contam com milhões de visualizações mensais nas redes sociais e meus eventos *online* já alcançaram centenas de milhares de pessoas!

E hoje o que eu mais quero é dividir isso... Eu tenho esse anseio de falar do macramê para as pessoas e de querer que as pessoas sejam realizadas, como eu hoje sou.

Poder inspirar e ajudar pessoas a se encantar pelo mundo do macramê é o que me dá forças para continuar liderando esse movimento. A seguir, compartilho com você alguns exemplos das histórias de sucesso que eu coleciono.

OS NÓS DA MINHA VIDA

 Mayara Gomes Aragao
Moderador · 10 de novembro de 2021

Oiii 💕
Ontem dia 09/11 eu fiz 1 ano de Escola de Nós 😻
Em fotos vocês poderão ver minha evolução e dedicação 💕
Comecei fazendo macramê vendo um vídeo da Osana no YouTube, usando de suporte uma cadeira ou a grade da porta 😊 me apaixonei por ela e por sorte do destino ela estava abrindo as vagas da Escola de Nós, não duvidei em nenhum momento e me matriculei 😍
Comprei minha arara, e comecei junto com minha filha a praticar (ou desatar) meus nós. Foi um processo de muita evolução 🌿 Quando fiz os chaveiros me apaixonei, criei minha marca MakraMay e vendi vaaarios chaveiros no Natal 😄 (tinha que recuperar minha inversão - e consegui!). Daí em diante foi só sucesso, parceria com lojas, vendas em feirinhas e a pouco tempo fiz a tão sonhada cadeira. 💪
Só quero dizer a vocês que com determinação tudo é possível! Não desistam no festonê 😅 ele também já me fez chorar, mas eu não desisti. 💕

Obrigada Osana por cada ensinamento e cada palavra de carinho e incentivo, eu te amo!!!
Somos tão parecidas 😍
Eu tenho orgulho de dizer que eu sou Escola de Nós ✨

Um abraço,
Mayara

Cleide Costa
14 de janeiro

E assim comecei 2022.
Um painel autoral onde depositei muita esperança e amor para este ano.
Quando os nós chegam em nossas mãos, tudo se transforma em amor!
Amo o que faço e sou eternamente grata a nossa querida mestra Osana Barreto ,que nos ensina a voar alto .
Cada turma que entra na Escola de Nós,fico encantada com tantas experiências novas .
Cada um no seu tempo.
Vejo que todos nós temos potencial para voar bem alto
Admiro todas/os que fazem parte desse mundo mágico!
Gratidão por fazer parte dessa família Osana!

OS NÓS DA MINHA VIDA

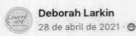

Deborah Larkin
28 de abril de 2021

Foto oficial de "Claire", a maior peça que já fiz, em apenas 9 meses de macramê! Dias e horas incontáveis mas no final, é uma alegria que não cabe no peito. Todas as vezes que olho pra ela sinto tanto, mas tanto orgulho dessa minha trajetória que venho construindo dia a dia, não tenho nem palavras!

Osana Barreto minha gratidão por ter você na minha vida como mentora, professora e amiga, não tem preço! Eu sempre vejo um pedacinho de você em cada peça que eu faço e essa sensação ninguém tira do meu coração!

Se alguém aqui ainda tiver dúvidas de que o processo ensinado na Escola de Nós funciona, olhem de novo essa foto e todas as fotos das alunas mais antigas que adentraram esse mundo maravilhoso do macramê nas primeiras turmas.

Osana Macramê, quando toda essa doidera no mundo passar, vou levar um SWEET ART pessoalmente pra você daqui dos States! 🖤 Já guarda um espacinho na sua casa! 🌹🤗 Você é um anjo em minha vida!

Nanci はるみ 部谷
28 de julho de 2021 ·

As maravilhas q o Macrame e a Escola de Nós nos proporciona ✨🖤
Faz tempo q estou ensaiando fazer uma bolsa p mim, mas estava esperando essa hora chegar 😊, até q umas três ou quatro semanas atrás botei a mão na massa, nas linhas, rssss.....
Eu já tinha uma ideia de como queria, mas no meio do caminho a bolsa foi tomando outra forma 😊, diferente do início, já estava bem diferente daquilo q eu queria. Terminei ele vi e como era p mim é não era aquele jeitinho q havia imaginado lá no início e acabei desmanchando 😅😅😅😅 e refiz de novo 😅
E o resultado é esse: A MINHA PRIMEIRA BOLSA FEITA POR MIM P MIM.
E igual um troféu q ganhei de mim p mim 😅😊😊
Um sentimento de Gratidão imensa realização, obrigada Osana Macramê e essa família maravilhosa da Escola de Nós 🖤

OS NÓS DA MINHA VIDA

 Bárbara Siqueira Garcia
Moderador · 5 de fevereiro de 2021 ·

Uma coisa que eu amo na Osana Barreto são as histórias que ela conta, as poesias que ela recita e as músicas que ela canta!
Eu não vejo apenas uma citação para o dia, eu vejo inspiração!
As inspirações estão nas pequenas coisas, nos pequenos gestos e dizeres.
Eu adoro quando ela fala que o macramê e a natureza andam juntos. Que até a aranha faz macramê na teia 😊
Eu me sinto aquela criança que sempre que ela falava, eu pensava "Eba! Eu amo essa história". Até que um dia que meu marido me chegou com esse galho!!! Foi como se eu já enxergasse a história da Osana nele.
Fiquei meio "presa" com algumas encomendas e não conseguia dar início à ele.
Todo dia eu namorava esse galho, pensando nas possibilidades e daquela história da teia de aranha.
Foi quando eu fazendo o filtro dos sonhos veio a ideia de colocá-lo no painel! Porque eu chamo de teia aqueles fios que passam no bastidor.
E chegou o grande de dia que eu ia consegui mexer!
Primeiro fiz o filtro dos sonhos que simboliza a teia da aranha. A pedra pendurada nela representa o orvalho.
No painel desenhei folhas que são mudinhas de árvores/plantas e as miçangas representam sementes.
Usei o barbante verde pra representar o verde da floresta.
E fiz a maioria no cordão cru pra trazer a serenidade do "simples".
Demorei uma semana pra fazê-lo!
Porque eu estava tão empolgada pra fazer, mas não conseguia passar pra ele o que eu sentia e pensava. Até pedi pra professora uma luz pra ver se eu tinha alguma ideia. Realmente eu tive várias, mas toda vez que eu fazia os nós eu sentia que não era aquilo. Comecei a ficar nervosa porque eu sentia tanto mas não estava conseguindo passar para o painel. Depois vieram dias difíceis (outros assuntos) e falei pro meu marido "se antes não saía, agora que não sairá mais 😢".
Mas em todos esses dias difíceis "comia" a internet buscando um estalo!
Mas nada!
Até que ontem eu acordei com um sentimento que eu não sabia explicar, eu só soube que aquele dia era o dia do meu painel terminar de nascer.
E foi assim, hoje eu terminei!!
Todinho feito da minha cabeça e coração (nada de tutorial).
E finalmente consegui passar o que eu sentia quando escutava a professora contar a história da teia de aranha, natureza e macramê.
Obrigada por me inspirar todos os dias Osana! Amo você! 🖤🙏✨

OSANA BARRETO

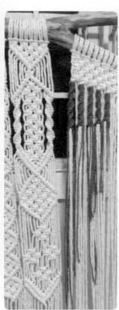
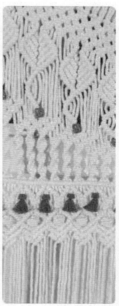
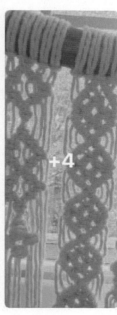

Até o momento em que escrevo este livro, mais de 7.000 pessoas já colocaram o método da Escola de Nós em prática, e por isso nós temos milhares de *prints* como esses, mas o livro ficaria muito longo se colocássemos todos. Sendo assim, colocamos apenas alguns para que você consiga entender o tipo de resultado que é possível obter com o macramê.

Se você quiser conhecer mais sobre a Escola de Nós, você pode visitar o site **osanamacrame.com.br/livro** e descobrir como você também pode fazer parte desse movimento.

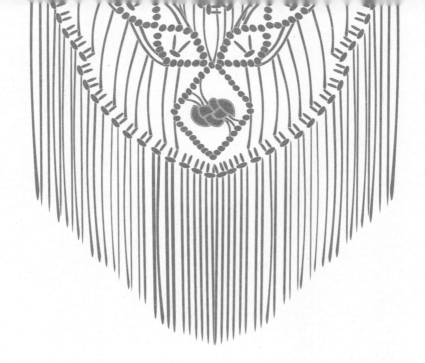

BÔNUS
GUIA DOS NÓS FUNDAMENTAIS DO MACRAMÊ

Você ficou curioso para conhecer mais sobre o mundo do macramê? Uma das partes mais importantes do método, e um segredo indispensável para dominar essa arte, é o que eu vou apresentar a seguir: os nós fundamentais do macramê.

Macramê é feito apenas com mão e linha, olha que delícia! Você não precisa de ferramenta, de agulha, nem de nada que dificulte. E como faz macramê? Simples: dando nós nessas linhas. Por isso, os nós são a primeira coisa que você precisa aprender para fazer suas próprias peças.

Existem cinco nós fundamentais no macramê. E as combinações desses nós são praticamente infinitas! Dominando esses cinco nós, VOCÊ vai ser capaz de fazer peças incríveis, de todos os tipos e tamanhos.

São eles:

1. **Nó de Laçada**
2. **Nó Escondido**
3. **Nó DNA**
4. **Nó Quadrado**
5. **Nó Festonê**

Agora, eu vou apresentar a você cada um deles. E assim que você terminar de ler este capítulo, eu vou dar acesso a um vídeo passo a passo para você fazer junto comigo alguns desses nós.

É isso mesmo, uma prática passo a passo, pela qual você vai exercitar os nós junto comigo de maneira muito simples, com calma e em detalhes. Eu coloquei o link para esse vídeo logo abaixo, no final deste capítulo.

Mas calma! Primeiro você termina aqui, depois você vai para lá. Combinado?

OS NÓS DA MINHA VIDA

NÓ DE LAÇADA

Também chamado de nó de montagem ou nó inicial, é o nó que prende cada cordão na base para dar início ao macramê. É assim que fazemos o nó de laçada:

1. Dobre o cordão ao meio, igualando as pontas, e coloque sobre a base de cima para baixo formando uma alça.

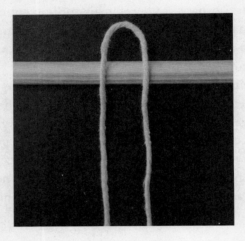

2. Envolva a base com a alça, posicionando-a em forma de "U". Depois, passe as pontas das linhas por dentro dessa alça envolvendo assim a base.

3. Puxe as pontas da linha até o nó ficar bem apertado. Está pronto!

NÓ ESCONDIDO

Esse nó também é chamado de nó de acabamento ou nó de ancoragem. Eu gosto de chamar de nó escondido porque o nó fica escondidinho dentro da amarração da linha.

Esse nó é muito utilizado em peças como suportes de plantas, chaveiros, cintos, ou onde você precisa prender as linhas para iniciar o trabalho. E, no final, para juntar as linhas e dar o acabamento da peça.

E é assim que a gente faz o nó escondido:

1. Use um cordão extra para fazer a amarração do nó escondido. Junte bem as linhas que deseja prender com o nó escondido. Posicione a ponta do cordão extra sobre as linhas e dê uma volta (formando uma alça).

2. Segure a ponta do cordão extra sobre as demais linhas, enquanto a outra ponta vai dar voltas ao redor das linhas unidas.

3. Enrole com firmeza dando voltas com esse cordão extra. Dê seis voltas rentes e apertadas.

4. Na sexta volta, passe a ponta do cordão extra por dentro da alça e puxe a outra ponta do cordão extra lá em cima. Quando você puxa o cordão, o nó fica escondido dentro dessa amarração.

5. Finalize cortando as sobras desse cordão extra bem rente à amarração.

6. Está pronto o nó escondido!

NÓ QUADRADO

Esse é o nó mais utilizado no macramê, também chamado de nó chato ou nó duplo.

Para realizar o nó quadrado, é preciso ter quatro linhas. Sendo que nós só trabalhamos com as linhas das pontas, que vão envolvendo as linhas centrais. As linhas externas é que se movimentam e fazem o nó sobre as linhas do meio.

E o grande barato do nó quadrado é que, dependendo da distância que você dá entre os nós, você consegue fazer padrões diferentes usando esse mesmo nó.

Você pode trabalhar com o nó quadrado em sequência ou alternado. E você também pode trabalhar ele juntinho ou espaçado, criando assim padrões diferentes para cada peça.

E é assim que a gente faz o nó quadrado:

1. Prenda os cordões na base com o nó de laçada. Pegue a linha da direita e passe por baixo das duas linhas do meio e por cima da linha da esquerda, formando uma letra "P".

2. Pegue a ponta da linha da esquerda e passe por dentro do "P".

3. Puxe as duas linhas ao mesmo tempo para fazer a primeira metade do nó.

4. Pegue a linha da esquerda e passe por baixo das linhas do meio e por cima da linha da direita, formando um número "4".

5. Leve a ponta da linha da direita para dentro do 4 e puxe as duas linhas ao mesmo tempo até em cima para formar o nó completo.

6. Está pronto o nó quadrado!

NÓ DNA

O nó DNA também é chamado de nó espiral ou meio nó duplo, e é formado quando meio nó quadrado é feito repetidamente. Você já vai entender. Eu gosto de chamar de nó DNA, porque ele vai formando uma espiral que parece uma cadeia de DNA.

Esse é um nó muito utilizado para fazer suporte de planta e chaveiros e dá um efeito único para as peças! Assim como o nó quadrado, é um nó que é feito com quatro linhas, sendo que as linhas consumidas são as linhas externas.

E é assim que a gente faz o nó DNA:

1. Prenda os cordões na base com o nó de laçada. Pegue a linha da direita e passe por baixo das duas linhas do meio e por cima da linha da esquerda, formando uma letra "P".

2. Traga a ponta da linha da esquerda para dentro desse "P" e puxe as duas linhas ao mesmo tempo levando o nó até em cima, perto da base.

3. Repita os passos 1 e 2.

4. Puxe as duas linhas ao mesmo tempo, encostando no nó anterior.

5. Esse processo irá se repetir até chegar ao comprimento desejado. O nó espiral começa a "girar" a partir do 6º nó.

NÓ FESTONÊ

O nó festonê é o nó que permite que você faça desenhos na sua peça de macramê. Esse é o nó mais trabalhoso de fazer no macramê. Mas você vai ver que não é nenhum bicho de sete cabeças.

O legal do festonê é que ele pode ser feito de várias formas: em linha reta, inclinado, formando desenhos.

O segredo do nó festonê é que ele é feito sobre uma linha guia. Essa linha guia pode ser uma das linhas do próprio trabalho, ou mesmo uma linha extra. A linha guia fica por dentro de todos os nós e é ela quem direciona o desenho que você quer fazer.

E para fazer o festonê, a gente faz assim:

1. Amarre os cordões na base com o nó de laçada. Escolha que "desenho" vai fazer com o festonê.

2. Escolha uma das linhas para ser o fio guia. Os nós serão dados no fio guia e ele determinará a direção do desenho.

3. Pegue a ponta da 1ª linha depois do fio guia e passe por cima do fio guia dando uma laçada. Aperte e leve o nó até o início do fio guia.

4. Dê mais uma volta e aperte bem. Cada linha deve dar duas laçadas sobre o fio guia. Uma linha de cada vez, da esquerda para a direita.

5. Esse processo se repete para cada linha, duas laçadas no fio guia, apertando bem e aproximando ao máximo cada nó.

6. **Lembrando:** sem a segunda laçada, o nó festonê fica incompleto. Aperte bem a segunda laçada. Repita as duas laçadas no fio guia com todas as linhas apontando o fio guia na direção do desenho que deseja fazer.

7. **Atenção:** o fio guia não pode ficar solto. Tem que estar sempre tensionado na direção do desenho desejado, bem preso dentro da sua mão, enquanto as demais linhas vão fazendo a amarração.

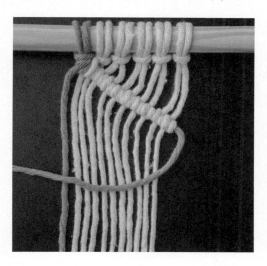

8. Depois de ter amarrado todas as linhas no fio guia, vamos continuar o desenho para o outro lado. Agora a sequência das linhas a serem laçadas no fio guia será da direita para a esquerda.

9. Esse processo irá se repetir até que o desenho esteja terminado. É assim que fazemos o festonê.

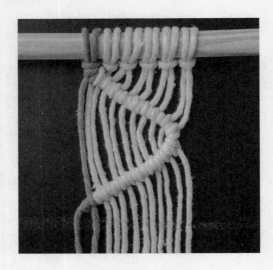

Este é um guia precioso do passo a passo de cada um dos nós que você precisa saber para fazer macramê. Se tem alguém aí lendo e achando complicado, eu já adianto: não é. E eu vou provar.

Assim que você terminar de ler este capítulo, eu disponibilizo abaixo o link de um site para um treino passo a passo para você fazer junto comigo esses nós, bem devagar e em detalhes. É meu presente por você ter chegado até aqui: uma prática deliciosa que nós vamos fazer juntos(as).

Lembrando que você pode usar o material que você tiver em casa, ok? Vale qualquer tipo de linha, o importante é treinar. Lá no vídeo eu vou dizer certinho o que você precisa, mas não se preocupe com isso. Se não tiver material, não tem problema nenhum. Assista também para perceber como é tudo muito simples, mais simples do que você imagina.

Link do site: **osanamacrame.com.br/livro**